SCIENCE

KEXUE YUANLAI ZHEV

普及科学知识，拓宽阅读视野，激发探索精神，培养科学热情。

隐藏在
谜语与谚语中的科学

★ 包罗各种科学知识，汇集大量精美插图，为你展现生动有趣的科普世界，让你发现之旅是么有趣，探索之旅是多么神奇！

吉林出版集团
北方妇女儿童出版社

图书在版编目（CIP）数据

隐藏在谜语与谚语中的科学／李慕南，姜忠喆主编

. 一长春：北方妇女儿童出版社，2012.5（2021.4 重印）

（青少年爱科学. 科学原来这样美）

ISBN 978 - 7 -5385 -6294 -1

Ⅰ.①隐… Ⅱ.①李… ②姜… Ⅲ.①科学知识 – 青年读物②科学知识 – 少年读物 Ⅳ.①Z228.2

中国版本图书馆 CIP 数据核字（2012）第 061600 号

隐藏在谜语与谚语中的科学

出 版 人　李文学

主　　编　李慕南　姜忠喆

责任编辑　赵　凯

装帧设计　王　萍

出版发行　北方妇女儿童出版社

地　　址　长春市人民大街 4646 号 邮编 130021

　　　　　电话 0431 –85662027

印　　刷　北京海德伟业印务有限公司

开　　本　690mm × 960mm　1/16

印　　张　12

字　　数　198 千字

版　　次　2012 年 5 月第 1 版

印　　次　2021 年 4 月第 2 次印刷

书　　号　ISBN 978 – 7 –5385 –6294 –1

定　　价　27.80 元

前　　言

科学是人类进步的第一推动力,而科学知识的普及则是实现这一推动力的必由之路。在新的时代,社会的进步、科技的发展、人们生活水平的不断提高,为我们青少年的科普教育提供了新的契机。抓住这个契机,大力普及科学知识,传播科学精神,提高青少年的科学素质,是我们全社会的重要课题。

一、丛书宗旨

普及科学知识,拓宽阅读视野,激发探索精神,培养科学热情。

科学教育,是提高青少年素质的重要因素,是现代教育的核心,这不仅能使青少年获得生活和未来所需的知识与技能,更重要的是能使青少年获得科学思想、科学精神、科学态度及科学方法的熏陶和培养。

科学教育,让广大青少年树立这样一个牢固的信念:科学总是在寻求、发现和了解世界的新现象,研究和掌握新规律,它是创造性的,它又是在不懈地追求真理,需要我们不断地努力奋斗。

在新的世纪,随着高科技领域新技术的不断发展,为我们的科普教育提供了一个广阔的天地。纵观人类文明史的发展,科学技术的每一次重大突破,都会引起生产力的深刻变革和人类社会的巨大进步。随着科学技术日益渗透于经济发展和社会生活的各个领域,成为推动现代社会发展的最活跃因素,并且成为现代社会进步的决定性力量。发达国家经济的增长点、现代化的战争、通讯传媒事业的日益发达,处处都体现出高科技的威力,同时也迅速地改变着人们的传统观念,使得人们对于科学知识充满了强烈渴求。

基于以上原因,我们组织编写了这套《青少年爱科学》。

《青少年爱科学》从不同视角,多侧面、多层次、全方位地介绍了科普各领域的基础知识,具有很强的系统性、知识性,能够启迪思考,增加知识和开阔视野,激发青少年读者关心世界和热爱科学,培养青少年的探索和创新精神,让青少年读者不仅能够看到科学研究的轨迹与前沿,更能激发青少年读者的科学热情。

二、本辑综述

《青少年爱科学》拟定分为多辑陆续分批推出,此为第二辑《科学原来这样

美》,以"美丽科学,魅力科学"为立足点,共分为 10 册,分别为:

1.《头脑风暴》

2.《有滋有味读科学》

3.《追寻科学家的脚步》

4.《我们身边的科学》

5.《幕后真相》

6.《一口气读完科普经典》

7.《神游未知世界》

8.《读美文,学科学》

9.《隐藏在谜语与谚语中的科学》

10.《名家笔下的科学世界》

三、本书简介

本册《隐藏在俗语中的科学》侧重汇集有关科学知识方面的谜语与谚语,这些谜语、谚语大都富有节奏韵律,具备一定的科学内涵。猜谜语在我国具有悠久的历史,是一种老少皆宜的智力游戏,生动有趣的谜语给我们带来了娱乐的同时,又增强了小朋友的联想和推理能力。本书所收谜语包括动物谜、植物谜、生活谜等等。谚语是由广大群众创造的定型化语句,它通常以简单通俗的话语反映深刻的道理。由于谚语起源于民间,因此其言辞往往略显粗野,但它平实易懂,在日常生活中得到了广泛的传播。可以说,谚语是一种"似俗实雅"的民间文学,是研究民俗不可或缺的生动素材。本书内容丰富,风格多样,极具创意,寓教于乐。

本套丛书将科学与知识结合起来,大到天文地理,小到生活琐事,都能告诉我们一个科学的道理,具有很强的可读性、启发性和知识性,是我们广大读者了解科技、增长知识、开阔视野、提高素质、激发探索和启迪智慧的良好科普读物,也是各级图书馆珍藏的最佳版本。

本丛书编纂出版,得到许多领导同志和前辈的关怀支持。同时,我们在编写过程中还程度不同地参阅吸收了有关方面提供的资料。在此,谨向所有关心和支持本书出版的领导、同志一并表示谢意。

由于时间短、经验少,本书在编写等方面可能有不足和错误,衷心希望各界读者批评指正。

本书编委会

2012 年 4 月

目　录

一、科普谜语

二、科普谚语

一、科普谜语

自 然 谜

上一半，下一半，
中间有线看不见，
两头寒，中间热，
一天一夜转一圈。

（地球）

青石板儿石板青，
青石板儿挂明灯，
若问明灯有多少，

天下无人数得清。

（星星）

金灿灿，圆滚滚，
半个浮，半个沉，
不会走，只会跳。

（旭日）

三四五，像把弓，
十五十六正威风，

人人说我三十寿，
二十八、九便送终。

（月亮）

一个蓝蓝盘，
两个圆圆饼，
一个火火热，
一个冰冰冷。

（太阳，月亮）

有个老公公，
天亮就出工，
有朝一日不见它，
不是下雨就刮风。

（太阳）

像花花园不种它，
花儿刚开就落下，
春夏秋季它不长，
寒冬腊月开白花。

（雪）

像是烟来没有火，
说是雨来又不落，
有时能遮半边天，
有时只见一朵朵。

（云）

看不见来摸不到，
四面八方到处跑，
跑过江河水生波，
穿过森林树呼啸。

（风）

一座大高桥，
造在晴天里，
七色呈异彩，
都夸好手艺。

（虹）

天冷它出来，
白毛到处盖，
不怕风来吹，
就怕太阳晒。

（霜）

双手抓不起，
一刀劈不开，
煮饭和洗衣，
都要请它来。

（水）

生在水中，
却怕水冲，
放在水里，
无影无踪。

（冰）

亮光突起，
瞬息千里，
一鸣惊人，
带来风雨。

（雷电）

刮西风，刮北风，
屋檐下面栽大葱，
"格崩格崩"寒脆犁。

（冰棱柱）

不速之客游天外，
偶尔闯进大气来，
熊熊烈火烧不尽，
长留人间几千载，
别看铁石几小块，
却与太阳是同胎。

（陨石）

借助太阳才发光，
围绕地球日夜忙，
若是地球遮阳光，
娃娃指天问爹娘。

（月食）

大小豆粒从天撒，
人畜庄稼都怕它，
尽干坏事伤天理，
掌握科技征服它。

（冰雹）

彩色锦缎挂天边，
夕阳映照更好看，
姑娘见了空欢喜，
不能剪来做衣衫。

（晚霞）

乍看白茫茫，
细看有河床，
没有鱼儿游，
不见船来往。

（银河）

小珍珠，真可爱，

只能看，不能踩，
清晨长在绿草丛，
太阳一出无影踪。

（露水）

说个宝，道个宝，
万物生存离不了，
在你身边看不见。
越往高处它越少。

（空气）

泥塘有串水葡萄，
咕嘟咕嘟往上冒，
用它照明又做饭，
大人小孩都说好。

（沼气）

自然界中数名轻，
平时藏身在水中，
能使气球飞上天，
可做燃料供热能。

（氢气）

小来针眼大，
大来满山坡，
能过千山岭，
不能过小河。

（火）

无锅无火无人煮，
终年暖水流不完，
寒来暑往它不变，
除病保健喜延年。

（温泉）

银色带子，
有短有长，
脚在沟里，
头在山上。

（江河）

往日随风乱飞流，
骆驼当做一小舟，
海市蜃楼多奇景，
"四化"叫它绿油油。

（沙漠）

清清楚楚一幅画，
有树有草也有花，
别处花草梢在上，
此处花草梢朝下。

（倒影）

拳打不睬，脚踢不理，
剑砍不断，箭射不伤。

（影子）

一粒红皮谷，
半两还不足，
堂前摆一摆，
装满三间屋。

（烛光）

十二个头，
三百六十五只脚，
脚有长短，
头有大小。

（月份，日子）

小时两只角，
长大没有角，

到了二十多，
又生两只角。

（月亮）

东边点窝瓜，
牵藤到西家，
花开人吵闹，
花落人归家。

（太阳）

身体多轻柔，
逍遥漫天游，
风来它就躲，
雨来它带头。

（云）

脚踏千江水，
手扬满天沙，
惊起林中鸟，
折断园里花。

（风）

白色花，无人栽，
一夜北风遍地开，
无根无枝又无叶，
此花原从天上来。

（雪）

赤橙黄绿青蓝紫，
犹如彩线当空舞，
夏日雨后常常见，
太阳在西它在东。

（虹）

箭射没有洞，
刀砍不留痕，
雨来成碎锦，
风起现花纹。

（水）

一物生得怪，
天生怕太阳，
不晒硬铮铮，
一晒泪盈盈。

（冰）

带灯的走得快，
带鼓的跟着走。

（闪电，打雷）

敲金鼓，放焰火，
满园李花千万朵。

（雷，闪电，星）

赶羊群，吊银钱，
彩色桥梁空中悬。

（云，雨，虹）

大哥大声叫，
二哥把灯照，
三哥流眼泪，
四哥到处跑。

（雷，电，雨，风）

青石板，白银河，
打铜鼓，放流星。

（天，星，雷，电）

系天的带子，

铺地的银子，
挂檐的筷子，
撒窗的珠子。

　　　　（虹，雪，冰凌柱，雪珠）

热天看不见，
冷天才出现，
倒挂玉筷子，
生根在屋檐。

　　　　（冰凌柱）

明光似带呈大河，
河中无鱼也无船，
晴空夜晚鹊搭桥，
牛郎织女隔河望。

　　　　（银河）

火气里，四兄弟，
天天生活在一起，
别看模样很相似，
各有各的怪脾气。
老大是个大胖子，
体积算它占最多，
不会燃烧能造肥，
各种庄稼都爱吃。
老二自己不燃烧，
火姑娘时刻离不了，
植物能把它"制造"，
动物没它要死掉。
老三不仅不燃烧，
还是灭火好材料，

动物把它排出来，
植物靠它长得好。
老四最小也最轻，
烧火是种好燃料，
节日用它充气球，
带着标语天上飘。

　　　（氮气，氧气，二氧化碳，氢气）

屋后一棵草，
珍珠真不少，
我去没找到，
你去也白跑。

　　　　（露水）

不依寒暑来变迁，
游人见了笑开颜，
硫黄暖水涌不尽，
引来众人洗开怀。

　　　　（温泉）

人人有个好朋友，
乌黑身体乌黑头，
灯前月下陪着你，
却是哑巴不开口。

　　　　（影子）

什么花，飘着开？
什么花，走着开？
什么花，天上开？
什么花，人人夸？

　　　（雪花，浪花，礼花，光荣花）

一貌堂堂，二目无光，

三餐不吃，四肢无力，
五脏不全，六亲断绝，
七窍不通，八面威风，
九九归原，实在无用。

（菩萨）

远看连着天，
近看水一片，
时而浪飞舞，
时而住行船。

（海）

小的小，大的大，
一家子人不说话，
大的坐着起不来，
小的站着坐不下。

（神像）

我从工厂过，
见个古怪货，
屋里放半个，
外面放半个。

（烟囱）

一样东西红彤彤，
只怕雨水不怕风。

（火）

热天看不见，
冷天才出现，
要问是什么，
就在你嘴边。

（呵气）

蓝包袱，包银米，
天一明，就收起。

（星星）

棋子多，棋盘大，
只能看，不能下。

（星星）

打鸟捕兽人家。

（猎户星座）

放羊倌。

（牧羊星座）

一胎两男。

（双子星座）

百岁翁。

（老人星座）

说它多大有多大，
日月星球全容纳，
无人知它始和终，
也没左右和上下。

（宇宙）

水皱眉，树摇头，
草弯腰，云逃走。

（风）

小风吹，吹得动，
大刀砍，不裂缝。

（火）

白色冰晶，
不甜不咸，
有色无味，

寒来夏无。

　　　　　　　　（霜）

散步在小溪，
睡觉在池塘，
奔跑在江河，
咆哮在海洋。

　　　　　　　　（水）

上去一团烟，
下来一条线，
好吃没滋味，
脏了不能洗。

　　　　　　　　（水）

矮矮树，结银果，
我去摘，它哄我。

　　　　　　　　（露水）

水冲不走，火烧不掉，
吃了不饱，人人需要。

　　　　　　　　（空气）

胸怀真宽大，
江河容得下，
朝涨暮就落，
风起掀浪花。

　　　　　　　　（海）

红彤彤，一大蓬，
见风它就逞凶狂，
无嘴能吃天下物，
单怕雨水不怕风。

　　　　　　　　（水）

悬崖挂块大白帘，
千手万脚捉不住，
远听千军万马吼，
近看银泉飞下谷。

　　　　　　　　（瀑布）

聚宝盆，踩脚下，
吃的用的，要啥有啥。

　　　　　　　　（田地）

你若声大它声大，
你若声小它就哑，
同你腔调一个样，
找遍四周不见影。

　　　　　　　　（回声）

同走同行同向前，
相随相伴紧相连，
面对太阳随身后，
背朝月亮站身前，
一旦走进黑暗处，
千呼万呼不露面。

　　　　　　　　（影子）

枣大，枣大，
一间屋子装不下。

　　　　　　　　（烛光）

太阳之冠。

　　　　　　　　（日冕）

万里蓝天任描绘。

　　　　　　　　（高空图）

四季生辉。

　　　　　　　　（光年）

牛郎织女。

（双星）

暗里豁然。

（黑洞）

从早吃到晚。

（日全食）

勤俭成风。

（节气）

消化不良。

（食甚）

酒足饭饱自剔牙。

（食既）

红色之路。

（太阳）

有个老汉年岁大，
天刚发亮就出发，
有朝一日不见他，
准是天阴雨刷刷。

（太阳）

星夜挂着一张弓，
世世没人拉得动，
上弦下弦有规律，
待得弓满已月中。

（月亮）

大石板，青又青，
青石板上钉银钉，
银钉个个会眨眼，
闪闪烁烁亮晶晶。

（星空）

忽然不见忽然有，
像龙像虎又像狗，
太阳出来它不怕，
大风一吹它跑走。

（云）

一片白线半天高，
可惜布机织不了，

剪刀裁它不会断，
只有风吹能折腰。

（雨）

一种花儿真奇怪，
每到入冬开起来，
无根无种无人栽，
年年开得银花白。

（雪）

这个东西真奇怪，
水见皱眉头，
树见摇摇头，
花见点点头，
云见就溜走。

（风）

空中银光一条线，
划过宇宙和人间，
霎时跑了千万里，
眨个眼睛看不见。

（闪电）

生来铜头铁臂，
一拧它就流泪，
眼泪用处很大，
千万可别浪费。

（自来水）

小小球，圆滚滚，
半个浮，半个沉，
哪个能拍它，
算他本领高。

（旭日）

摸不着，看不到，
没有颜色没有味，
动物植物都需要，
一时一刻离不了。

（空气）

疾如闪电，
音容莫辨，
见之一面，
祈能如愿。

（流星）

横着一条江，
夜里白茫茫，
喜鹊不搭桥，
织女望牛郎。

（银河）

日夜奔波不停，
春夏秋冬出勤，
载五十亿客人，
日走八万里程。

（地球）

过去是历史，
以后是将来。

（时间）

不要你请，
我自己来，
有我就亮，
没我就黑。

（光）

深山冷坳有伏兵，
兵马来时闹盈盈，
兵马喊叫它也叫，
兵马静止它无声。

（回声）

赶羊群，吊银线，
彩色桥梁空中悬。

（云，雨，虹）

细又细，微又微，
没翅膀，却能飞。

（灰尘）

自然界，数它轻，
水中藏，本领精，
能使球儿飞上天。

（氢气）

一道闪光一条线，
划过长空似利剑，
一跑千万里，
眨眼便不见。

（闪电）

门前一棵草，
珍珠玛瑙结不少，
我去摘不来，
谁去也白跑。

（露珠）

出门千里没动身，
忽忽悠悠像驾云，
看了美景没睁眼，

吃了美味没沾唇。

（做梦）

遍地落花谁可拟，
撒盐空中差可以，
未若柳絮因风起，
疑是玉龙鳞鱼飞。

（雪）

一棵大树半天高，
不怕斧头不怕刀，
没有枝杆没有叶，
只怕风来吹断腰。

（烟）

远看是个钟，
近看里头空，
称它没四两，
拿又拿不动。

（水泡）

爬之不易，
移之更难，
写之容易，
见之不难。

（山）

看不见，摸不着，
跑得快，又没脚，
一去永远不回头，
胜似黄金莫错过。

（光阴）

像云不是云，

像烟不是烟，
风吹轻轻飘，
日晒漫漫散。

（雾）

彩色缎，挂天边，
夕阳照，更好看，
你莫空欢喜，
做不了衣衫。

（晚霞）

有时挂在山腰，
有时挂在树梢，
有时像个圆盘，
有时像把镰刀。

（月亮）

银花晚上开，
天代放异彩，

若问有多少，
谁能数出来。

（星星）

千颗星，万颗星，
满天星星数它明，
有它给你指方向，
夜间航行不用灯。

（北极星）

天上有石鼓，
藏在云深处，
响时先冒火。
声音震山谷。

（雷）

它的脾气大，
粒粒从天撒，
人畜和庄稼，

谁都怕惹它。

（冰雹）

一夜北风万花开，
我从天上降下来，
今宵人间代一宿，
明朝日出回大台。

（雪）

住在深山坑里，
炼入烈火炉里，
为了温暖大家，
不怕牺牲自己。

（煤炭）

无处不住，
无影无形，
不是小儿爱翻书，
只懂泳时爱翻波。

（清风）

一条带子长又长，
弯弯曲曲闪银光，
一头扔在大海里，
一头搭在高山上。

（河水）

不分寒暑，
水涌不变，
也能除病，
也能保健。

（温泉）

胸怀真宽广，

百川容得下，
黄河与长江，
都以它为家。

（海）

栽花种树，要我同意，
造屋修路，从我开始，
若要步行，我更献力。

（土地）

好像绿海洋，
风吹起波浪，
远望无边际，
遍地满牛羊。

（草原）

灶台上，一棵树，
十个人，搂不住。

（蒸气）

这个东西真奇怪，
天生就怕太阳晒，
太阳不晒还不湿，
越晒越是湿得快。

（冰）

说小它能同沙比，
说大它能遍山坡，
能过高山和峻岭，
就是不能跨江河。

（火）

一样东西生得怪，
有枝无叶根倒栽，

冷时长得粗又壮，
暖时流下眼泪来。

（冰柱）

打谜给你猜，
两手拨不开，
麻绳绕不拢，
斧子砍不开。

（水）

一位村姑娘，
生来爱打扮，
虽是胖胖脸，
戴个大彩环。

（土星）

说它是布不是布，
做不了衣服，
做不了裤子。

（瀑布）

姓火没有火，
没火红光落，
遥遥渠纵横，
疑有太空客。

（火星）

姓水却爱火，
成天贴着太阳绕。

（水星）

无风花不开，
有风花放开，
刚开花又落，

落了花又开。

（浪花）

有个黑姑娘，
从头黑到底，
打她她不疼，
骂她她不理，
十二个大汉抬不起。

（影子）

天上下珍珠，
落地蹦蹦跳，
农民发了愁，
庄稼垮了腰。

（冰雹）

一面大鼓真正妙，
地上没有天上吊，
春冬季节不见面，
夏天来了常放炮。

（雷）

生来本无形，
走动便有声，
夏天无它热，
冬天有它冷。

（风）

一只大老母鸡，
引着一群小鸡，
晚上从门前过，
天明不见一个。

（月和星）

世上有一宝，
谁都离不了，

看也看不见，
摸也摸不到，
要问它在哪，
就在身边找。

（空气）

弯弯一座桥，
挂在半天腰，
红橙黄绿蓝靛紫，
七种颜色排得巧。

（彩虹）

是花不是花，
催开万朵花，
像面不是面，
换粮万万担。

（雪花）

小红花，怪劲儿大，
见了水滴就变小，
见了干柴就变大。

（火）

一个娃娃，
又白又胖，
坐在风里不怕冷，
一见太阳汗直淌。

（雪人）

水中有个蛋，
透明看得见。
你要伸手取，
一碰就不见。

（水泡）

千根线，万根线，
落在河里就不见。

（雨）

千线万线买不来，
明天早晨送过来。

（太阳）

五湖四海一美人，
十五六岁玉清纯，
十八十九得了病，
一到三十便断魂。

（月亮）

夜里棋盘在天空，
棋盘大大棋子多，
只能看，不能下，
只能数，不能拿。

（星星）

一个金球圆溜溜，
夜里人人看不见，
除非下雨和刮风，
天山天门家家到。

（太阳）

风吹皱面皮，
火烧就生气，
利刀切不断，
斧砍无痕迹。

（水）

草上结的金银果，
太阳一出它就躲。

（露水）

轻轻水面浮，
千人拿不出。

（水泡）

无头又无尾，
走路快如飞，
夏天要我来解闷，
冬天见我却逃避。

（风）

一夜北风百花开，
它从天上飘下来，
令夜人间睡一觉，
明朝日出上云霄。

（雪）

它的兄弟何其多，
雨雪霜雾都见到，
位位都是软骨头，
人人没它活不成。

（水）

东方有个红姑娘，
一天到晚奔跑忙，
每天五更清早起，
投下光线照四方。

（太阳）

能卷满天沙，
能掀海里浪，
科学虽发达，
不能制服它。

（风）

哥哥像云般潇洒，

姐姐像霞般美妙，

可怜的是自己，

生如轻薄之烟，

似在梦中做人。

（雾）

天里一根绳，

跌落无处寻。

（雨）

用水冲不走，

用火烧不掉，

吃了吃不饱，

人人却需要。

（空气）

霓虹灯泡吊半空，

一会暗时一会明，

满天光亮挺好看，

坏了灯儿掉下来。

（星星）

既是龙，也是凤，

面前万物，无疾而终。

（龙卷风）

没有口，四边走，

看不得，听得见。

（声音）

石头儿女，

土地细胞，

地球元素，

宇宙成份。

（砂）

暴躁之徒，

脾气极坏，

是非之辈，

兴风作浪。

（台风）

天上顽童，

不速来客，

土地公公，

头壳开洞。

（陨石）

矮矮树，结白果，

我去摘，它哄我。

（露水）

潇洒先生，

飘过千山，

行万里路，

浮现人间。

（云）

三百多件衣裳，

件件穿在身上，

一天脱下一件，

一年才能脱光。

（日历）

植 物 谜

一棵树，扁枝丫，
先结果，后开花。

（仙人掌）

格子隔，柜子隔，
里面躲着四姐妹。

（核桃）

兄弟七八个，
抱起围缸坐，
说动打平伙，
衣服脱了破。

（桔子）

奇怪奇怪真奇怪，
头顶长出胡子来，
解开衣服看一看，
颗颗珍珠露出来。

（玉米）

青藤藤，开黄花，
地上开花不结果，
地下结果不开花。

（花生）

梧桐树，梧桐花，
梧桐树上结喇叭，
蛋蛋又开花。

（棉花）

生根不落地，
有叶不开花，
街上有人卖，
园里不种它。

（豆芽菜）

空心树，叶儿长，
好像竹子节节长，
到老满头白花花，

只结穗儿不打粮。

（芦苇）

身上有节不是竹，
粗的能有锄把粗，
小孩抓住啃个够，
老人没牙干叫苦。

（甘蔗）

黄瓷瓶，口儿小，
打破瓷瓶口，
挖出红珠宝。

（石榴）

红口袋，绿口袋，
有人害怕有人爱。

（辣椒）

从小精心培养，
长大绳捆索绑，
临老千刀万剁，
最后把它火葬。

（烟草）

青竹竿，十八节，
头顶爬个老关爷。

（高粱）

冬天蟠龙卧，
夏天枝叶开，
龙须往上长，
珍珠往下排。

（葡萄）

紫红藤，地上爬，

藤上长绿叶，
地下结红瓜。

（红薯）

红木盒儿圆，
四面封得严，
打开木盒看，
装个黄蜡丸。

（栗子）

胖娃娃，没手脚，
红尖嘴，一身毛，
背上一道沟，
肚里好味道。

（桃子）

架上爬秧结绿瓜，
瓜头顶上开黄花，
牛着吃来鲜又脆，
炒熟做菜味道美。

（黄瓜）

红公鸡，绿尾巴，
身体钻到地底下，
又甜又脆营养大。

（红萝卜）

麻布衣裳白夹里，
大红衬衫裹身体，
白白胖胖一身油，
建设国家出力气。

（花生）

身穿绿衣裳，

肚里水汪汪，
生的子儿多，
个个黑脸膛。

（西瓜）

紫色树，开紫花，
紫花开了结紫瓜，
紫色果里盛芝麻。

（茄子）

弟兄五六个，
围着圆柱坐，
大家一分手，
衣服都扯破。

（大蒜）

身体白又胖，
常在泥中藏，
浑身是蜂窝，

生熟都能尝。

（藕）

池里一只盘，
大水盛不满，
小雨纷纷落上头，
好似珍珠一串串。

（荷花）

高高个儿一身青，
圆脸金黄喜盈盈，
天天向着太阳笑，
结的果实数不清。

（向日葵）

秋天撒下粒粒种，
冬天幼芽雪里藏，
春天还青节节高，
夏天成熟一片黄。

（小麦）

青枝绿叶颗颗桃，
外面骨头里面毛，
待到一天桃子老，
里面骨头外面毛。

（棉花）

皮肉粗糙手拿针，
悬岩绝壁扎下根，
一年四季永常青，
昂首挺立斗风云。

（松树）

黄布袋，包珍珠，
秋天一到满日铺。

（稻）

头戴黄草帽，
身穿绿色袍，
见风点点头，
朝着太阳笑。

（向日葵）

有洞不见虫，
有巢不见蜂，
有丝不见蚕，
撑伞不见人。

（藕）

一个黑孩，
从不开口，
要是开口，
掉出舌头。

（瓜子）

水里生来水里长，
小时绿来老时黄，
去掉外壳黄金甲，
煮成白饭喷鼻香。

（水稻）

兄弟几个真和气，
天天并肩坐一起，
少时喜爱绿衣裳，
老来都穿黄色衣。

（香蕉）

一物长得真奇怪，
腰里长出胡子来，
拨开胡子看一看，
露出牙齿一排排。

（玉米）

圆圆脸儿像苹果，
又酸又甜营养多。
既能做菜吃，
又可作水果。

（番茄）

小小伞兵随风飞，
飞到东来飞到西，

飞到路边田野里，
安家落户生根基。

（蒲公英）

小时能吃味道鲜，
老时能用有人砍，
虽说不是钢和铁，
浑身骨节压不弯。

（竹子）

姐妹两个一个娘，
一个圆来一个长，
一个死到春三月，
一个死到秋天凉。

（榆荚，榆叶）

池中有个小姑娘，
从小生在水中央，
粉红笑脸迎风摆，
只只绿船不划桨。

（荷叶）

一个婆婆园中站，
身上挂满小鸡蛋，
又有红来又有绿，
既好吃来又好看。

（枣树）

一顶小伞，
落在林中，
一旦撑开，
再难收拢。

（蘑菇）

体圆似球，
色红如血，
皮亮如珠，
汁甜赛蜜。

（樱桃）

青枝绿叶长得高，
砍了压在水里泡，
剥皮晒干供人用，
留下骨头当柴烧。

（麻）

生在山中，
一色相同，
泡在水中，
有绿有红。

（茶叶）

小时青青肚里空，
长出头发蓬蓬松，
姐姐撑船不离它，
哥哥钓鱼抓手中。

（竹竿）

白又方，嫩又香，
能做菜，能煮汤，
豆子是它爹和妈，
它和爹妈不一样。

（豆腐）

海南岛上是我家，
能耐风吹和雨打，

四季棉衣不离身，
肚里有肉又有茶。

(椰子)

身体圆圆不长毛，
不是橙子不是桃，
请它草屋住几夜，
绿衣脱去换红袍。

(柿子)

不结果，不开花，
还没出土就发芽，
等它长高八九寸，
人人赞它美味佳。

(竹笋)

看它是绿的，
切开是红的，
吃时是稀的，
吐出是硬的。

(西瓜)

一个黄妈妈，
一生手段辣，
老来愈厉害，

小孩最怕它。

(姜)

正二三月抽枝生叶，
四五六月开花结果，
七八九月有黑有白，
末了三月挂灯结彩。

(柏树)

长在山上是青的，
落在地上是黄的，
不用刀削是圆的，
不放蜜糖是甜的。

(桂圆)

说它是棵草，
为何有知觉，
轻轻一碰它，
害羞头低下。

(含羞草)

样子像小船，
衣服硬邦邦，
头尾两头翘，
嫩肉里边藏。

(菱角)

像木不是木，
像竹不是竹，
黑皮包白肉，
生吃不用煮。

(甘蔗)

长成藤，爬上棚，

开黄花，结青龙。

（丝瓜）

绿枝结青瓜，
青瓜包棉花，
棉花包梳子，
味道人人夸。

（柚子）

上上下下开白花，
身穿一件小绿褂，
生来不爱说空话，
果实虽小香味大。

（芝麻）

一朵不开的花，
片片花瓣都贴着，
要是把它打开，
眼泪流得哇啦啦。

（洋葱）

身葬春风不自哀，

仍将零落迎春来，
应是春光第一枝，
为报百花向阳开。

（梅花）

有枝有叶不是树，
没花没果是动物，
色彩绚丽海中长，
可当材料造房屋。

（珊瑚）

不是葱，不是蒜，
一层一层裹紫缎，
像葱比葱长得矮，
像蒜却又不分瓣。

（葱头）

地里把根扎，
不怕大雪压，
春风刚吹过，
探头把芽发。

（草）

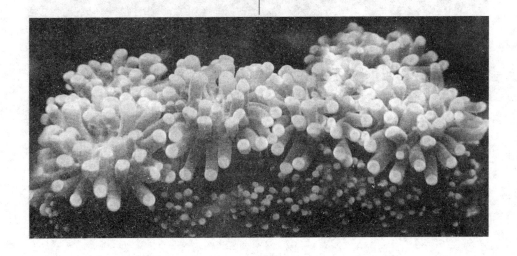

曲曲弯弯一棵藤，
藤上挂着串串铃，
房前屋后将它种，
有绿有紫亮晶晶。

（葡萄）

铺路轨，架桥梁，
又做家具又盖房。

（木头）

味道酸又甜，
多吃不太妙，
麦熟它也熟，
核儿能做药。

（杏）

长在水底满身泥，

白的肉，黑的皮，
又甜又脆赛过梨。

（荸荠）

小时绿葱葱，
老来红彤彤，
剥开皮来看，
一包白虫虫。

（辣椒）

青竹竿，顶簸箕，
下面躲着一窝麻母鸡。

（芋头）

一个小黑人，
戴着洗脸盆，
给他摘下来，

他说再戴会儿。

（黑枣）

金枝绿叶，
绿叶金枝，
半夜结果，
神仙不知。

（慈姑）

红树枝，结绿桃，
开了花，长了毛。

（棉花）

绿的叶儿，
绿的枝儿，
白马下个绿马驹儿，

秋天变成红马驹儿。

（辣椒）

红嘴绿鹦哥，
吃了营养多。

（菠菜）

桃园三结义，
张飞在腹里，
去了关云长，
方知是刘备。

（荔枝）

小时青青地里长，
老时发黄水里泡，
剥下白皮做原料，

打绳做鞋少不了。

（麻）

长得像竹不是竹，
周身有节小太粗，
又是紫来又是绿，
只吃生来不吃熟。

（甘蔗）

样子像小船，
骨头露外边，
头尾两头翘，
嫩肉藏里面。

（菱角）

红梗子，绿叶子，
开白花，结黑子。

（荞麦）

生在土里十八杈，
一年能开两次花。
先开金花结青果，
后开银花落万家。

（棉花）

小树长桃多又大，
桃儿裂了开白花，
结的籽儿能榨油，
采下花儿能纺纱。

（棉花）

皮儿薄，壳儿脆，
四姐妹，隔墙睡，
从小到大背靠背，

裹着一层疙瘩被。

（蓖麻）

小时青，老来黄，
金包银，有六方。

（谷）

小刺猬，毛外套，
脱去外套露红袍，
红袍裹着毛绒袄，
袄里睡个白宝宝。

（栗子）

有根不着地，
绿叶开白花，
到处去流浪，
海上处处家。

（浮萍）

半截白，半截青，
半截实来半截空，
半截在地上，
半截在土中。

（葱）

千姐妹，万姐妹，
同床睡，各盖被。

（石榴）

从小青，长大红，
脱了红袍换紫纱。

（桑葚）

紫檀睡床大红被，
黄胖小姐在里睡。

（栗子）

青竹竿，挑铜盆，
开黄花，结鱼鳞。

（向日葵）

外面是红布，
里面是白布，
打开仔细看，
都是好木梳。

（桔子）

红缸绿底，
里头装把小米。

（辣椒）

三片瓦，盖房房，
里面住的白姑娘。

（荞麦）

蓬蓬松松，

飞舞天空，
远看像雪花，
近看一团绒。

（柳絮）

小红碗，盛白饭，
埋在泥里不得烂。

（荸荠）

乌金纸，包白矾，
小孩见了嘴里馋。

（荸荠）

一根树儿高又高，
上面结了千把刀。

（皂角树）

不是菊，不是梅，
开蓝花，结棒槌，叶子长得像

韭菜，

　　轻风吹过颤巍巍。

　　　　　　　　（马莲花）

远看似火红艳艳，

　　近看是花六个瓣，

　　拔起根子看一看，

　　结着一颗山药蛋。

　　　　　　　　（山丹丹）

一棵小树不太高，

　　小孩爬在半中腰，

　　身穿小绿袄，

　　头戴红缨帽。

　　　　　　　　（玉米）

种的丸药，

出的桃树，

　　开的牡丹，

　　结的橄榄。

　　　　　　　　（凤仙花）

有根不着地，

　　有叶不开花，

　　日里随风去，

　　夜里不归家。

　　　　　　　　（浮萍）

一团幽香美难言，

　　色如丹桂味如莲，

　　真身已归西天去，

　　十指尖尖在人间。

　　　　　　　　（佛手）

头上青丝发，
身披鱼鳞甲，
寒冬叶不落，
狂风吹不垮。

（松树）

一种植物生得巧，
不是豆类也结角，
果实制药可止血，
白花可做黄染料。

（槐树）

打起高柄伞，
穿起麻布衣，
生来不怕热，
为何脱我衣。

（棕榈）

牵藤藤，上篱笆，
藤藤开花像喇叭，
红喇叭，白喇叭，
太阳出来美如画。

（牵牛花）

须儿卷，藤儿弯，
根根绕在架上面，
结的果实真好看，
一串一串珍珠圆。

（葡萄）

黄金衣服包银条，
中间弯弯两头翘。

（香蕉）

黄包袱，包黑豆，
尝一口，甜水流。

（梨）

黄铜铃，紫铜柄，
铜铃里面红铜心。

（枇杷）

一只坛子三道箍，
里面装满白豆腐。

（荸荠）

头一家是针店，
打开针店是皮店，
皮店后面是纸店，
纸店后面是肉店。

（板栗）

黑壳里面装白瓢，
吃了五对剩十双。

（黑瓜子）

青树结青瓜，
青瓜包棉花，
棉花包梳子，
梳子包豆芽。

（柚子）

两头尖尖像织梭，
钻在泥里扎个窝，
有人说它像黄瓜，
它比黄瓜洞洞多。

（莲藕）

绿凉伞，黄凉伞，

凉伞下面一窝蛋。

（芋艿）

远看青苗一片，
近看绿枝根根，
不见开花结子，
只见怀孕在身。

（茭白）

瓜无籽，果无花，
菜无叶，果无皮。

（茭白，无花果，菌子，杨梅）

青青果，圆溜溜，
咬一口，眉头皱。

（梅子）

小时包包扎扎，
大时披头散发，
风来摇摇摆摆，
雨来淅沥哗啦。

（竹）

茎儿许多根，
果子泥里存，
没花也没叶，
没枝也没根。

（荸荠）

空筒子箭射不得，
扁筒子剑舞不得，
红丝带结不得，
绿丝鞋穿不得。

（葱，韭，豆角，扁豆）

四季青，巴掌大，
用手摸，毛虫扎。

（仙人掌）

壳儿硬，壳儿脆，
四个姐妹隔墙睡，
从小到大背靠背，
盖的一床疙瘩被。

（核桃）

黄皮包着红珍珠，
颗颗珍珠有骨头，
不能穿来不能戴，
甜滋滋来酸溜溜。

（石榴）

小小红坛子，
装满红饺子，
吃掉红饺子，
吐出白珠子。

（桔子）

弯弯树，弯弯藤，
藤上挂个水晶铃。

（葡萄）

麻屋子，红帐子，
里面住着个白胖子。

（花生）

一个小姑娘，
生在水中央，
身穿粉红衫，
坐在绿船上。

（荷花）

一个小孩生得俏，
头上戴顶红缨帽，
衣裳穿了七八件，
全身都是珍珠宝。

（玉米）

白如玉，穿黄袍，
只有一丁大，
都是宝中宝。

（稻子）

水上一只铃，
摇晃没声音，
仔细看一看，
满脸大眼睛。

（莲蓬）

水中撑绿伞，
水下瓜弯弯，
掰开瓜看看，
千丝万缕连。

（藕）

两片黑鞋底，

合拢在一起，
中间夹张白袜底。

（瓜子）

青梗绿叶不是菜，
有的烤来有的晒，
只能烧着吃，
不能煮着吃。

（烟叶）

空心树，实心芽，
千年不结子，
万年不开花。

（竹子）

四季它常绿，
总是不开花，
摊开一只手，
满手刺来扎。

（仙人掌）

生在山里，
死在锅里，
藏在瓶里，

活在杯里。

（茶叶）

大姐长得美，

二姐一肚水，

三姐露着牙，

四姐歪着嘴。

（苹果，葡萄，石榴，桃子）

红被面，

白被里，

十几个娃娃睡一起，

有酸有甜逗人喜。

（桔子）

老大头上一撮毛，

老二红脸似火烧，

老三越长腰越弯，

老四开花节节高。

（玉米，高粱，谷子，芝麻）

大哥头上戴铁帽，

二哥身穿大红袍，

三哥浑身都是刺，

四哥好像一把刀。

（茄子，红萝卜，黄瓜，豆角）

大哥开花毛毛虫，

二哥开花卖丝绒，

三哥开花金牌样，

四哥开花结铜铃。

（杨树，柳树，椿树，枣树）

大嫂胖头胖脑，

满身白毛；

二嫂扁头扁脑，

凸肚凸腰；

三嫂圆头圆脑，

黑纹绿袍；

四嫂红头红脑，

头戴绿帽。

（冬瓜，南瓜，西瓜，北瓜）

老大面软心硬，

老二心软面硬，

老三肚里雪白，

老四满面通红。

（鲜桃，核桃，棉桃，樱桃）

幼时不怕冰霜，

长大露出锋芒，

老来粉身碎骨，

仍然洁白无双。

（小麦）

大姐白衣好多层，

二姐浑身碎纷纷，

三姐头上开了花，

四姐肚里窟窿深。

（元白菜，香菜，菜花，莲藕）

身体瘦又长，

有绿又有黄，

浑身都是刺，

吃着脆又香。

（黄瓜）

不削自来尖，
不染自来红，
人人愿吃它，
吃多怨嘴疼。

（尖辣椒）

一头实在一头空，
一头白来一头青，
白头土里长胡须，
青头地上显威风。

（葱）

不结果，不开花，
还没出土就露芽，
只要勤采掘，
美味送君家。

（竹笋）

百合花，尖尖叶，
苗像青蒜，
花像蝴蝶。

（水仙花）

号称木中王，
树干冲天长，
叶儿尖似针，
盖房好做梁。

（杉树）

大巴掌，小巴掌
风吹它，啦啦响。

（棕树）

爱在河边湖畔住，

辫儿长长轻又柔。
春风吹来绿一片，
花如雪飞当空舞。

（柳树）

一生向往光明，
从不自高自大，
越是充实丰满，
越是把头低下。

（向日葵）

不是桃树却结桃，
桃子里面长白毛，
到了秋天桃熟了，
只见白毛不见桃。

（棉花）

兄弟多，千万个，
同床共被窝。

（芝麻）

小时吃得用不得，
大时用得吃不得。

（竹子）

身体有节像根竹，
削去青皮见白玉，
刀砍斧劈去两头，
只吃生来不吃熟。

（甘蔗）

娘家原是水晶宫，
琼枝绚丽俏般容，
死后安放夫家里，

经昔缤纷一样同。

（珊瑚）

稀奇古怪圆溜溜，
青皮红肉黑骨头。

（西瓜）

四月有人把我栽，
八月金花自然开，
早晨向东晚向西，
对着太阳笑开怀。

（向日葵）

红身子，白身子，
头发是个绿小子。

（萝卜）

四四方方如白雪，
没有骨头没有血。

（豆腐）

弯弯藤子弯弯树，
花架上面变魔术，
果实像座珍珠库，
猜猜是什么植物。

（葡萄）

黄变白，圆变方，

拿不稳，吃得到。

（豆腐）

头戴大圆帽，
身居污水中，
有丝不织布，
有孔不生虫。

（藕）

红酒罐，绿盖头，
挖开来，吸一口。

（柿子）

软体动物，
里外俱黄，
样子甜甜，
内在坚强。

（芒果）

小子圆又圆，
长得白胖胖，
虽然有眼珠，
开眼不能看。

（龙眼）

黄皮肤，瓜儿脸，
人寒酸，满肚水。

（椰子）

黄口袋，两头尖，
珍珠心，水田产，
春天地里藏，
秋来满田黄。 （水稻）

青青藤儿开黄花，
外面白袄内红纱，
地上开花不结果，
地下结果不开花。

（花生）

头大身子细，
黑红珍珠粒，
能养人和马，
可造白兰地。

（高粱）

小树儿，不算高，
上面挂满小镰刀。

（大豆）

有只公鸡，
不吃不啼，
只有脑袋，
没有身体。

（鸡冠花）

青青藤，满地爬，
结出果子圆又大，
绿皮红肉黑娃娃。

（西瓜）

小小红球圆嘟嘟，
味儿酸，竹竿穿，

做成串串糖葫芦。

（山楂）

半截在地面，
半截埋土中。
半截白半截青，
半截实半截空。 （大葱）

圆圆脸儿像苹果，
又酸又甜营养多，
现能做菜吃，
又可当水果。

（西红柿）

密层层，似葡萄，
红艳艳，像玛瑙，
又当果，又当粮，
甜蜜蜜，营养好。

（红枣）

生长需棚架，
小龙上面挂，
小时可做汤，
老了把锅刷。

（丝瓜）

沐。

（西河柳）

斗。

（百合）

横。

（黄加木）

39

壁。

（虞美人）

龙女。

（水仙）

花圃。

（地锦）

又欠。

（合欢）

神拳。

（仙人掌）

佛手。

（仙人掌）

峻岭。

（高粱）

说话算数。

（白果）

整装待发。

（将离）

春眠不觉晓。

（睡香）

珍贵的稻子。

（玉米）

三年连续先进。

（千日红）

巡天遥看一条河。

（满天星）

与吾同伴人林间。

（梧桐）

棉株含苞未吐花。

（碧桃）

女牧童。

（牵牛花）

笑逐颜开。

（喜容来）

莺歌燕舞。

（迎春花）

岭下着火。

（映山红）

曲终人未散。　（妙音）

月下茉莉开。

（夜来香）

一直入青云。

（凌霄花）

脸上露喜态。

（含笑）

七姐下凡赶盛宴。

（仙客来）

布衣流芳。

（白丁香）

劈岩移山，
筑风植柳。

（石榴）

木兰之子。

（花生）

结实。

（落花生）

不老实。

（长生果）

托根不与菊为双，
娇艳瑰丽放异香，
唤作拒霜犹未称，
看来却似最宜霜。

（芙蓉）

园林三日雨兼风，
桃李飘零扫地空，
惟有此花偏耐久，
绿丛又放数枝红。

（山茶）

"花中君子"艳而香，
"空谷佳人"美名扬，
风姿脱俗堪为佩，
纵使无人亦自芳。

（兰花）

青瑶丛里出花枝，
雪貌冰心显清丽，

幽香自信高群品，
生与红梅相并时。

（水仙）

得天独厚艳而香，
从来畏热性宜凉，
不爱攀附献媚色，
何惧飘落在他乡。

（牡丹）

东风融雪水明沙，
烂漫芳菲满天涯，
艳丽茂美枝强劲，
对此行人不忆家。

（桃花）

陶令最怜伊，
三径细栽培，
群芳零落后，
独自殿东篱。

（菊花）

小小花朵本领高，
能把香味几里飘，
吴刚用它酿好酒，
八月时节它领头。

（桂花）

东风第一枝，
芬芳扑鼻来。

（报春花）

青盖亭亭出水中，
遮日遮雨不遮风，
管教接天无穷碧，
不让荷花别样红。

（莲叶）

来饮我清泉，
绿墙围外间，
内装黑宝石，
清泉甜又甜。

（西瓜）

房后一丛绿菊花，
说它是花花不发，
有朝一日佳节到，
家家户户都用它。

（艾）

青滴溜，黄滴溜，
都不滴溜它还滴溜。

（楝树）

千道节，万道节，
一年四季不落叶。

（棕树）

不是松树不是竹，
腊月仍然油油绿。

（冬青）

珍珠般亮，
皮球般圆，
鲜血般红，
蜂蜜般甜。

（樱桃）

红丝线，吊绿球，
人人见，口水流。

（杨桃）

一棵树儿矮又矮，
红红绿绿挂灯彩。

（柿子树）

天上碧桃和露种，
日边红杏依云栽。

（凌霄）

脱了衣服见头发，
拨开头发就见划。

（玉米）

空空花，扁扁菜，
野鸡下蛋土里埋。

（葱，韭，蒜）

有叶花不开，
无叶花芬芳。

（梅）

不是竹子不是麻，
树高三尺开黄花，

黄化谢落结青果，
青果肚里开白花。

（棉花）

一根绳，扯满棚，
开黄花，结铜铃。

（葡萄）

幼时味甜正好尝，
大时做笛把歌唱，
老时拿来撑船用，
长年漂流江河上。

（竹）

开花香，结子甜，
很好吃，叶卖钱。

（莲蓬）

远看青山艳艳，
近看楠竹杆杆，
冒犯朝廷王法，
一年打它三遍。

（苎麻）

小蛇弯弯过，
爬架又爬坡，
结满小晶果，
人说新疆多。

（葡萄）

大哥一身白，
二哥一身癫，
三哥戴铁帽，
四哥刺朝外。

（冬瓜，苦瓜，茄子，黄瓜）

谁说石家穷，
石家真不穷，
推开金板壁，
珠宝嵌屏风。

（石榴）

青皮包白肉，
籽儿有用途，
莫听名字冷，
热天菜场有。

（冬瓜）

绿叶叶，红皮皮，
怀里揣条金链链。

（红萝卜）

青枝绿叶开白花，
秋来黄梁枝头挂，
庭院窗前栽一盆，
只供观果不观花。

（金桔）

粉妆玉琢新世界，
头戴金钗冒风来，
岁寒为报春来早，
姐妹亲朋喜开怀。

（梅花）

两个小木盆，
扣个雏雏人，
木盆扣得紧，
不砸不开门。

（核桃）

张开紫罗伞，
卸掉黄金冠，
天下任逍遥，
亲朋万万千。

（蒲公英）

一个罐，红艳艳，
要吃蒜，头打烂。

（桔子）

一树鲜花不栽盆，
青枝绿叶爱煞人，

一年四季开一次，
朵朵花开白似银。

（棉花）

一般卧龙喜春天，
抬头舞臂苦登攀，
绿荫高处秋收好，
珍珠玛瑙吊串串。

（葡萄）

三片瓦，盖个房，
没有柱子没有梁，
外面刷的黑油漆，
里面住的粉姑娘。

（荞麦）

脚像鸡爪爪，
头像猫尾巴，
腰硬脖颈软，
老是头耷拉。

（谷子）

身子细，节节高，
腰插数把刀，
头上顶花椒。

（高粱）

身披蓑衣站，
满身插破扇，
屋里不能立，
园里看得见。

（棕）

出水芙蓉甫卸妆，
绿衣素裹满池塘，

青房暗结蜂儿小，
敛面似啼开时笑。

（莲蓬）

稀奇稀奇真稀奇，
树根上面长胡须，
冬天落叶春发芽，
全身辫子长又细。

（柳树）

脑袋在底下，
胡子一大把，
不长枝来不分杈，
呆子顶上开白花。

（蒜，葱）

圆圆叶子杆儿高，
秋天结果香满园，
黄皮黑子味道香，
吃在嘴里水汪汪。

（梨树）

叶儿茂盛价值大，
养蚕硬是需要它，

本来栽有千万棵，
偏说两棵冤枉大。

（桑树）

青青的叶儿白白花，
圆圆的果子任人摘，
清香的油儿润心肺，
怎叫人们不爱它。

（油茶树）

每临霜雪不凋零，
历经四时叶青青，
风中清籁雨中雅，
"不可一日无此君"。

（竹）

杆短枝多叶子大，
青色灯笼树上挂，
要是用它把油榨，
家具船舱寿命延。

（油桐树）

杆高枝多叶如爪，
一到深秋穿红袄，

球状果实刺儿多，
驱风祛湿有疗效。

（枫树）

杆儿脆，叶子大，
三年可长一丈八，
优秀干部焦裕禄，
生前十分喜欢它。

（泡桐树）

样子看来很高大，
果儿屁股穿铁甲，
树干用来做家具，
果实可做豆腐花。

（楮树）

号称木中王，
树干冲天长，
叶儿尖似针，
造屋好做梁。

（杉树）

叶儿长长牙齿多，
树儿枝枝结刺黑，
果皮青青果内黑，
剥到中心雪雪白。

（板栗树）

头大脚小身婆娑，
城市绿化常用它，
本来祖国到处有，
硬说它是外国来。

（杨树）

叶子细小杆儿瘦，
结的果子如葡萄，
药用可以治蛔虫，
名字一听味不好。

（苦楝树）

一棵树儿并不高，
长的果儿似钢刀，
没有肥皂洗衣服，
用它帮忙很有效。

（皂角树）

叶儿青青一蓬蓬，
表面有节肚里空，
白花开时似喇叭，
炒来吃时脆哄哄。

（蕻菜）

少年时摇扇子，
老年时扎包袱。

（包菜）

看样子青翠嫩绿，
听名字好似石灰。

（白菜）

不要看它是菜，
名字叫人莫吃。

（芥菜）

看起来蔸红叶青，
听起来起伏不平。

（菠菜）

身子长，个不大，
遍体长着小疙瘩，

有人见了皱眉头，
有人见它乐开花。

（苦瓜）

青青树儿并不高，
全副武装挂马刀，
给人贡献不算啥，
吃时是刀有功劳。

（刀豆）

藤儿短，苗不高，
只有条条是佳肴，
红绿颜色全都有，
节节分段锅里炒。

（长豆角）

弯弯床，弯弯被，
弯弯小子弯弯睡。

（菱）

青青叶，开黄花，
养儿子，钻泥巴。

（落花生）

紫藤绿叶满棚爬，

生来就开紫色花，
紫花长出万把刀，
又作药用又吃它。

（扁豆）

身材瘦瘦个儿高，
叶儿细细披绿袍，
别看样子像青蒿，
香气扑鼻味儿好。

（芹菜）

一条青龙埂上爬，
青龙身上配灯笼，
有红有白还有黄，
只吃熟来不吃生。

（南瓜）

一物生长色彩异，
红叶红茎又红皮，
就是将它过火海，
留下红水不变色。

（苋菜）

一间房子圆滚滚，
四扇窗子四扇门，

不敲大门不相见，
敲敲打打才出门。

（核桃）

叶子圆圆个儿小，
全身长满小镰刀，
刀子里面结果果，

果儿可做美佳肴。

（大豆）

疙瘩屋，疙瘩被，
疙瘩孩子疙瘩睡，
要吃疙瘩需用锤，
吃着疙瘩香又脆。

（核桃）

动 物 谜

鼻子像钩子，
耳朵像扇子，
大腿像柱子，
尾巴像辫子。

（大象）

看似星星不在天，
可飞可落化万千，
尾巴挂上小灯笼，
秋夜常在郊野见。

（萤火虫）

比象还要大，
叫鱼不是鱼，
远看像喷泉，

近看像岛屿。

（鲸鱼）

稀奇真稀奇
说活用肚皮。

（蝉）

小小诸葛亮，
独坐军中帐，
布下八卦阵，
要捉飞来将。

（蜘蛛）

一株荷花檐下种，
荷花未开先结蓬，
谁若去采莲蓬子，

蓬内将军齐出动。

（蜂窝）

有甲无盔，

有眼无眉，

无脚能行，

有翅不飞。

（鱼）

身上雪白，

肚里墨黑，

碰上敌人，

会放烟幕。

（墨鱼）

既然是做朋友，

何必对我如此！

睡来只限门口，

饭时只嚼骨头。

（狗）

身穿银甲亮晶晶，

浑身上下冷冰冰。

（鱼）

身份虽为甲等，

毕竟是个虫儿。

（甲虫）

肚皮白白背春花，

不吃肉也不吃瓜，

专吃蚊虫叫呱呱。

（青蛙）

小小身躯，

不易看见，

形态丑陋，

万万千千，

吃下肚里，

病榻缠绵。

（细菌）

耳朵人大嘴巴长，

尾巴短短身体胖，

好吃懒做福气好，

长大送上屠宰场。

（猪）

说它是鼠不是鼠，

整天爬树吃果子。

（松鼠）

身穿礼服小绅士，

蹲在冰里捕鱼儿，

若然游泳兴致起，

敢把礼服当泳衣。

（企鹅）

有耳太大，有脚太粗，

有牙太尖，有鼻太长，

说它像人倒不像，

说它不像倒是像。

（象）

生得像虎威，

鼠窃不敢违，

眼光最巧妙，

日夜有盈亏。

（猫）

嘴是扒，舌是叉，
看像贪睡，
走路不差。

（蛇）

一二三四，
力大无穷，
整天忙碌，
只为人忙。

（牛）

火的鸟，不会烫，
只怕在冬季，
死在火里烤。

（火鸡）

一个小顽皮，
爱说笑嬉戏，
好学而不倦，
活像录音机。

（鹦鹉）

头顶两棵珊瑚树，
身穿一件梅花袍，
四腿长得长又瘦，
翻山越岭快如飞。

（鹿）

我是一片云，
飘浮大海上，
自由在飞翔，
一生爱海浪，
愿作钓鱼郎。

（海鸥）

树会动，枝会摇，
身穿豹皮不吃肉，
爱吃青草性善良。

（鹿）

披甲大块头，
爱伏在河边，
血盆口一开，
噬者当遭殃。

（鳄鱼）

此君生性孤闻，
并且自虐至极，
日夜无端吊起，
夜里四出求食。

（蝙蝠）

头上有只角，
体积并不小，
肉类它不要，
只会吃青草。

（牛）

父亲像鱼，
母亲像马，
生个儿子好像马。

（河马）

头戴将军帽，
身穿油绿袍，
过乘连关桥，
换件大红袍。

（虾）

毛头毛脑确不同，

爱吃果子乐无穷，
若是见他太顽皮，
打他屁股红又红。

（猴子）

有头没有头，
身上冷冰冰，
有翅不能飞，
无脚反能行。

（鱼）

贵夫人，插满花，
论美艳，是奴家。

（孔雀）

尾巴翘翘吱吱叫，
不会走来只会跳。

（麻雀）

森林有位好医生，

专治树林蛀心病，
嘴巴就是手术刀，
防治病害本领高。

（啄木鸟）

不怕涉山过海，
方向我最清楚，
人称白衣大使，
一生爱好和平。

（白鸽）

有个懒家伙，
光吃不做工，
别看它无用，
全身都是宝。

（猪）

脚趾像扇子，
嘴唇像钳子，
赛跑别找它，

游泳是尖子。

(鸭)

身体长，恶心肠，
不工作，爱靠人，
学不来，坏榜样，
有它来，病一场。

(蛔虫)

有个铁锁光，
天天在门口，
好人让它路，
贼人见它走。

(狗)

河里马，马过河，
河不浅，马在喊。

(河马)

有甲有雄心，
嘴硬又天真，
浑身是硬环，
要穿过万山。

(穿山甲)

虽云是金，
却不是真，
大眼孩儿，
爱穿长裙。

(金鱼)

说它是条牛，
却不会拉梨，
笑它力气小，

背着屋子跑。

(蜗牛)

年纪并不老，
胡子却不少，
尖嘴尖牙齿，
贼头又贼脑。

(老鼠)

年纪并不老，
身上毛不少，
身披大皮袄，
山上吃青草。

(绵羊)

它是一位游泳家，
说话老是呱呱呱，
小时有尾没有脚，
长大有脚没尾巴。

(青蛙)

似鼠不是鼠，
无羽能飞舞，
眼睛看不见，
目标却清楚。

(蝙蝠)

个子虽然细，
竟是追债鬼，
金针不离身，
专向肉上刺。

(蚊子)

小瞎子，没时停，

泥里卧，钻不完。

（蚯蚓）

有个房子无房客，
没个房子活不成。

（蜗牛）

小小建筑师，
合力做房子，
何时最忙碌，
待那花开时。

（蜜蜂）

忙碌小兵丁，
工事勤又精，
力气何其大，
合作又热诚。

（蚂蚁）

肮脏一老头，
平生爱自由，
周遭都去到，
令人厌且愁。

（苍蝇）

直升机，草上飞，
大眼睛，水上戏。

（蜻蜓）

小生命，跳不停，
打不死，只怕钉。

（虱子）

美丽小姑娘，
身披彩衣裳，

百花是亲友，
天天探亲忙。

（蝴蝶）

小小轰炸机，
攻击用针吸，
痛得叫妈妈，
是个坏东西。

（蚊子）

一位聪明的小儿郎，
盖栋房子里面藏，
墙壁雪白无门窗，
拆下还能做衣穿。

（蚕）

提灯小姨娘，
飞天本领强，
白天睡懒觉，
晚上工作忙。

（萤火虫）

排队地上跑，
身体细又小，
做事最勤劳，
纪律第一好。

（蚂蚁）

小小水路两用机，
四片翅膀身上披，
一二三四五六七，
飞到东呀飞到西。

（蜻蜓）

粗腰细脖子，
身穿绿衣袍，
昂头又阔步，
作战用双刀。

（螳螂）

远远看去像只猫，
走近一瞧喊糟糕。

（老虎）

身穿黑紫貂，
尾巴似剪刀。

（燕子）

一只鸟儿真美丽，
尾巴长长拖到地。

（孔雀）

头上长得枯树枝，

身穿斑点梅花衣，
不是驴也不是羊，
奔跑如风快如马。

（梅花鹿）

说它是只猫，
却能飞得高，
白天藏树梢，
夜晚把物叼。

（猫头鹰）

头戴大红帽，
身披五彩袍，
好像是钟表，
催人起得早。

（雄鸡）

一把黑剪刀，

天空飞得高，
不会吃布料，
就怕遇到猫。

（燕子）

说狐不是狐，
说狗不是狗，
嘴里两排刀，
尾巴像扫帚。

（狼）

像虎不是虎，
像猫不是猫，
速度它最快，
跳跃它最高。

（豹）

一只大猫咪，
身披斑纹皮，
没有人敢骑，
碰见快逃离。

（老虎）

耳朵尖又长，
身穿白棉袍，
若说跑得快，
听他说端详。

（兔子）

神奇一花园，
宏伟有喷泉，
地面黑又滑，
看来墨一团。

（鲸鱼）

要说像马不是马，
要说像驴不是驴，
身背高山一两座，
荒漠万里踏沙来。

（骆驼）

老水牛，实在大，
两只脚倒生，
鼻子拖到地。

（象）

团结劳动是模范，
全家住在格子间，
常到花丛去上班，
造出产品比糖甜。

（蜜蜂）

大眼睛，亮晶晶，
尾巴长，翅膀轻，
像架飞机空中转，
飞来飞去捉蚊蝇。

（蜻蜓）

长相俊俏，
爱舞爱跳，
春花一开，
它就来到。

（蝴蝶）

一个姑娘，
实在荒唐，
造间屋子，
不留门窗。

（蚕）

一个黑姑娘，
披件纱衣裳，
住在大树下，
热天把歌唱。

（蝉）

家住石板桥，
身穿酱色袍，
头戴黑铁帽，
打仗逞英豪。

（蟋蟀）

肚大脑袋小，
胸前挂对刀，
样子长得笨，
捉虫本领高。

（螳螂）

洗海澡，逮鱼虾，
大海就是它的家，
风里浪里捉迷藏，
飞来飞去叫哇哇。

（海鸥）

远看芝麻撒地，
近看黑驴运米，
不怕山高道路陡，
只怕跌进热锅里。

（蚂蚁）

小老鼠，真稀奇，
两只翅膀像层皮，
白天躲在屋檐下，

夜晚出来吃东西。

（蝙蝠）

吐出细银丝，
织成天罗网，
摆下八卦阵，
专捉飞来将。

（蜘蛛）

尾巴长，鬃毛飘，
会拉车，能奔跑，
四个蹄子嗒嗒响，
帮助人们立功劳。

（马）

嘴长耳朵长，
一条小尾巴。
光吃不劳动，
饱了就睡下。

（猪）

身笨力气大，
干活常带枷，
春耕和秋种，
不能缺少它。

（牛）

红花头上戴，
彩衣不用裁，
清早歌一曲，
千门万户开。

（公鸡）

嘴像小铲，

走路小摇晃，
脚像小扇，
水上游荡。

（鸭）

一个白胡老头，
带了一袋黑豆，
一边走，一边漏。

（羊）

身穿白绫袍，
头戴黄纱帽，
走路慢腾腾，
游泳像船摇。

（鹅）

走起路来落梅花，
从早到晚守着家，
看见生人就想咬，
看见主人摇尾巴。

（狗）

脚穿钉鞋走无声，
不爱吃素爱吃腥，
白天无事打瞌睡，
半夜觅食不点灯。

（猫）

尖嘴尾巴大，
偷油又偷粮，
白天洞里躲，
夜里咬衣箱。

（鼠）

前腿短，后腿长，
两眼好似红葡萄，
鱼肉虾蛋都不碰，
青菜萝卜吃个饱。

（兔）

生来四只脚，
爱攀又爱跳，
站坐都像人，
无衣满身毛。

（猴子）

有头没有颈，
有气冷冰冰，
有翅不能飞，
没脚千里行。

（鱼）

一条潜艇不靠岸，
海里沉浮随心愿，
不烧煤来不用油，
只见冒水不见烟。

（鲸鱼）

有枪不能放，
有腿不能走，
天天弯着腰，
总在水里游。

（虾）

不辞辛苦衔泥草，
高高树上筑新巢，
飞到东来飞到西，

站在枝头把喜报。

（喜鹊）

排队远征，

纪律严明，

春到北方，

深秋南行。

（大雁）

身披黑缎袍，

尾巴像剪刀，

秋寒南方去，

春暖它又到。

（燕子）

嘴长腿高，

身披白袍，

能飞会舞，

喜欢水草。

（仙鹤）

说它像鸡不是鸡，

尾巴长长拖到地，

张开尾巴像把扇，

花花绿绿真美丽。

（孔雀）

是鸟不叫鸟，

叫鹅飞得高，

谁家也不养，

人们都爱瞧。

（天鹅）

一物生来本领高，

尖嘴能给树开刀，

专捉害虫吃个饱，

保护树林有功劳。

（啄木鸟）

远看像只猫，

近看是只鸟，

夜晚捉田鼠，

白天睡大觉。

（猫头鹰）

生在林中满山跑，

身穿斑斓黄皮袄，

百兽之中它称王，

威风凛凛性暴躁。

（虎）

家住青山顶，

身穿破蓑衣，

常在天空游，

爱吃兔和鸡。

（鹰）

此物老家在非洲，
力大气壮赛过牛，
张开大嘴一声吼，
吓得百兽都发抖。

（狮）

生得笨，长得大，
又黑又脏爱玩耍，
吃得浑身肥又壮，
家家户户不喂它。

（熊）

一物像狗又像狐，
土黄衣服尾巴粗，
会在路上把人咬，
也到村里叼羊猪。

（狼）

走也是卧，
立也是卧，
坐也是卧，
卧也是卧。

（蛇）

尖尖嘴，细细腿，
狡猾又多疑，
拖着大长尾。

（狐狸）

沙漠一只船，
船上载着山，
远看像笔架，
近看一身毡。

（骆驼）

虽有翅膀飞不起，
非洲沙漠多足迹，
快步如飞真稀奇，
鸟中体重数第一。

（鸵鸟）

头戴珊瑚真正美，
身穿皮袍花如梅，
纤纤细腿虽瘦小，
翻山越岭快如飞。

（鹿）

脖子长长似吊塔，
穿着一身花斑褂，
跑起路来有本领，
奔驰赛过千里马。

（长颈鹿）

说它是马也不错，
只是身上黑道多。

（斑马）

一物生来真奇怪，
肚下长个皮口袋，
孩子袋里吃和睡，
跑得不快跳得快。

（袋鼠）

大尾巴，尖嘴颏，
跳跳蹦蹦采松果，
夏天树上来乘凉，
冬天到了洞里躲。

（松鼠）

身披灰针毯，
常往瓜地窜，
遇到敌人来，
立即卷成团。

（刺猬）

河边一个游泳家，
说起话来呱呱呱，
小时有尾没有脚，
大时有脚无尾巴。

（青蛙）

一条牛，有翅膀，
两根辫子在身长，
危害果木罪恶大，
人们称它"锯树郎"。

（天牛）

头小颈长四脚短，
硬壳壳里把身安，
别看胆小又怕事，
要论寿命大无边。

（乌龟）

尊我是人主，
夸我是海王，
画我怕点睛，

其实尽荒唐。

（龙）

长脖点丹顶，
卓卓立鸡群，
昔人乘它去，
千古留美名。

（鹤）

小货郎，不挑担，
背着针，满地窜。

（刺猬）

有个怪物本领高，
走路不直横着跑，
随身工具有十件，
两把钳子八把刀。

（螃蟹）

身体花绿，
走路弯曲，
河里出进，
开口恶毒。

（蛇）

甲字错，由也错，
我的名字易写错，
黑的皮肤胖胖身，
厨房沟渠都走过。

（蟑螂）

前有毒夹，
后有尾巴，
全身二十一节，

千万不要碰它。

（蜈蚣）

一物生来强，
有爹又有娘，
不同爹的姓，
不像娘的样。

（骡）

坐也坐，卧也坐，
立也坐，走也坐。

（青蛙）

东墙站个黑大汉，
身上背着两把扇，
走一走来扇一扇，
哇啦哇啦乱叫唤。

（乌鸦）

长得老气又横秋，
两撇胡子八字收，
何堪浸在浅水中，
跃出池塘耀半空。

（鲤鱼）

身上雪雪白，
肚里墨墨黑，
从不偷东西，
硬说它是贼。

（乌贼鱼）

圆圆房子，
弯弯门楼，
姑娘出门，
扇子盖头。

（螺）

尾巴翘，吱吱叫，
不会走，却会飞。
还会跳。

（麻雀）

口儿虽小，
喝尽海水，
轻轻打开，
明月在腔。

（蚌）

千根木头，
造座高楼，
不用锯子，
不用斧头。

（鸟窝）

有枝有叶不是树，
没花没果是动物，
色彩绚丽海中长，
可当材料造房屋。

（珊瑚）

身体扁又圆，
爱住黑房间，
有光见不到，
人睡来捣乱。

（臭虫）

长个乌龟相，
披件红外衣，
专门吸人血，

装进大肚皮。

（臭虫）

一头小牛黑溜溜，
无角无尾不拉犁，
日夜躲在仓库里，
钻在小麦心里头。

（麦牛）

全身都是宝，
爱吃百样草，
吃饱就睡觉，
走路哼哼叫。

（猪）

长着两只角，
翻穿大皮袄，
吃的绿草草，
拉的黑枣枣。

（羊）

小飞艇，大眼睛，
两只翅膀大又明，
飞东飞西忙不歇，
消灭害虫有本领。

（蜻蜓）

从不离水，
摇头摆尾，
鳞光闪闪，
满身珠翠。

（鱼）

挥动钳子一双，

玩弄尖刀八把，
一生霸道横行，
总爱胡抓乱爬。

（蟹）

尖刀四对，
钳子两把，
身披铠甲，
横行天下。

（螃蟹）

八只脚，抬面鼓，
两把剪刀鼓前舞，
生来横行又霸道，
嘴里常把泡沫吐。

（螃蟹）

小飞虫，尾巴明，
夜黑闪闪像盏灯，
古代有人曾借用，
刻苦读书当明灯。

（萤火虫）

小姑娘，穿花袍，
棉花田里逞英豪，
保护庄稼不用药，
专治蚜虫本领高。

（花大姐）

身体半球形，
背上七颗星，
棉花喜爱它，
捕虫最著名。

（七星瓢虫）

头戴大红帽，
身披五彩衣，
好像小闹钟，
清早催人起。

（公鸡）

肚大眼明头儿小，
胸前有对大砍刀，
别看样子有点笨，
捕杀害虫可灵巧。

（螳螂）

豁嘴巴，红眼睛，
不见走，光见蹦。

（兔子）

翅膀一展亮晶晶，
整天飞舞花丛中，
手足不闲爱劳动，
酿造蜜糖好过冬。

（蜜蜂）

一个小虫它会飞，
嘴含毒汁细长腿，
专喝人血传疾病，
快来消灭吸血鬼。

（蚊子）

周身银甲耀眼明，
浑身上下冷冰冰，
有翅寸步不能飞，
没脚五湖四海行。

（鱼）

两块瓦片盖间房，
一个胖子住中央，
水里生来水里长，
就怕拖它到岸上。

（蚌）

生在大海岩石旁，
身体柔软甲似钢，
没头没脑没心脏，
肚里却把珠宝藏。

（海蚌）

两头尖尖相貌丑，
耳目手脚都没有，
整日工作在地下，
一到下雨才露头，
要问到底是什么，
庄稼人的好朋友。

（蚯蚓）

身穿紫花白战袍，
海里将军只一招，
每遇敌人来袭击，
急放墨汁当法宝。

（墨鱼）

两腿短短脖子长，
穿了一身白衣裳，
头上有个红疙瘩，
游水本领高又强。

（鹅）

脑袋像猫不是猫，

身穿一件豹花袄，
白天睡觉夜里叫，
看到田鼠就吃掉。

（猫头鹰）

生来粗笨黑又大，
长个狗样爱玩耍，
吃的浑身肥又壮，
家家户户不喂它。

（狗熊）

有个聪明小工匠，
盖房不用砖和梁，
墙壁雪白没窗户，
拆开便可做衣裳。

（蚕茧）

有位纺织娘，
老来忙又忙，
会纺银丝线，
能造丝棉房。

（蚕）

黑褂子，白前襟，
站在枝头报喜讯。

（喜鹊）

身穿梅花袍，
头上顶双角，
窜山又越岭，
全身都是宝。

（鹿）

似鼠不是鼠，
没羽能飞舞，
眼睛看不见，
睡觉倒挂屋。

（蝙蝠）

脸上长鼻子，
头上挂扇子，
四根粗柱子，
一条小辫子。

（象）

鹿马驴牛它都像，
很难肯定像哪样，
四种相貌集一体，
说像又都不太像。

（麋）

凸眼睛，阔嘴巴，
尾巴还比身体大，
碧绿水草衬着它，
好像一朵大红花。

（金鱼）

八字须，往上翘，
说话好像娃娃叫，
只洗脸，不梳头，
夜行不用灯光照。

（猫）

粽子头，梅花脚，
屁股挂把指挥刀，
坐着反比立着高。

（狗）

不是狐，不是狗，
前面架铡刀，
后面拖扫帚。

（狼）

小伙子，长得愣，
生下来，就会蹦，
不像他妈的样，
不姓他爹的姓。

（骡子）

有个懒家伙，
只吃不干活，
戴顶帽子帽边大，
穿件褂子钮扣多。

（猪）

蒲扇脚跟，
木瓢嘴唇，
赛跑不行，
游泳有名。

（鸭子）

金箍桶，银箍桶，
打开来，箍不拢。

（蛇）

头有毛栗大，
尾巴像钢叉，
睡觉在泥里，
离地一丈八。

（燕子）

年纪并不大，
胡子一大把，
不论遇见谁，
总爱喊妈妈。

（羊）

一个黑大汉，
腰插两把扇，
走一步，扇几扇。

（鸵鸟）

身上乌里乌，
赤脚走江湖，

别人看他吃饱，
其实天天饿肚。

（鱼鹰）

大将军披头散发，
二将军黄袍花甲，
三将军肥头腮脑，
四将军瘦瘦刮刮。

（狮，虎，熊，狼）

一把刀，水里漂，
有眼睛，没眉毛。

（鱼）

船底硬，船面高，
四把桨，慢慢摇。

（鱼）

小小瓶，小小盖，
小小瓶里好荤菜。

（螺蛳）

胖子大娘，
背个大筐，
剪刀两把，
筷子四双。

（螃蟹）

头戴绿帽，
身穿绿袍，
腰细肚大，
手拿双刀。

（螳螂）

红船头，黑篷子，

二十四把快篙子，
撑到人家大门前，
吓坏多少小孩子。

（蜈蚣）

一个白发老妈妈，
走起路来四边爬，
不用铁犁，不用锄，
种下一片好芝麻。

（蚕蛾）

腿长胳膊短，
眉毛盖住眼，
有人不吱声，
无人大声喊。

（蝈蝈）

眼如铜铃，
身像铁钉，
有翅无毛，
有脚难行。

（蜻蜓）

头插野鸡毛，
身穿滚龙袍，
一旦遇敌人，
作战呱呱叫。

（蟋蟀）

团结劳动是能手，
家家住着小门楼，
个个开着糖坊铺，
日日夜夜忙不休。

（蜜蜂）

身穿白袍子，
头戴红帽子，
走路像公子，
说话高嗓子。

（鹅）

圆头细眼睛，
迎风一身轻，
爱在枝上叫，
又响又好听。

（蝉）

上山点点头，
下山顺水流，
看人不转眼，
洗脸不梳头。

（马，蛇，狼，猫）

树上有个歌唱家，
娶个"媳妇"是哑巴，
生下孩儿命运苦，
地牢里面渡生涯。

（蝉）

团结模范，
劳动英雄，
飞来飞去在花中，
采下粮食好过冬。

（蜜蜂）

一条牛，真厉害，
猛兽见它也避开，

它的皮厚毛稀少，
长出角来当药材。

（犀牛）

山上的马儿骑不得，
草里的棍儿拾不得，
花边的草鞋穿不得。

（老虎，毒蛇，蜈蚣）

双脚跳跳，
吵吵闹闹，
吃虫吃粮，
功大过小。

（麻雀）

小小东西武艺高，
筋头翻过洛阳桥，
拳打脚踢都不怕，
只怕按住指甲拗。

（跳蚤）

红头红脚披红衣，
躲在厨房偷油吃。

（蟑螂）

家住山下溪，
龟师称兄弟，
人家皮包骨，
我是骨包皮。

（鳖）

弯弯曲曲一座楼，
姑娘梳的盘龙头，
踱着慢步出门来，

还把团扇半遮头。

（田螺）

头戴红缨帽，
身穿绿战袍，
说话像人语，
你说它就学。

（鹦鹉）

两撇小胡子，
尖嘴尖牙齿，
贼头又贼脑，
夜晚干坏事。

（老鼠）

眼睛不大，
细长尾巴，
以偷为生，
谁见谁打。

（老鼠）

耳朵大，脚儿小，
身体肥胖爱睡觉，
浑身上下都有用，
粮食增产不可少。

（猪）

身披一件大皮袄，
山坡上面吃青草，
为了别人穿得暖，
甘心脱下自己毛。

（绵羊）

一身毛，四只手，

坐着像人，
走着像狗。

（猴）

年纪不大，
胡子一把，
喜吃青草，
爱叫妈妈。

（羊）

有头无颈，
有眼无眉，
无脚能走，
有翅难飞。

（鱼）

说鸟不是鸟，
躲在树上叫，
自称啥都知，
其实全不晓。

（知了）

身穿黑缎袍，
尾巴像剪刀，
冬天向南飞，
春天回来早。

（燕子）

叫鱼不是鱼，
终生海里居，
远看像喷泉，
近看似岛屿。

（鲸鱼）

一条大船不靠岸，
海里沉浮随心愿，
不烧煤来不用油，
烟筒冒水不见烟。

（鲸鱼）

头插雉尾毛，
身穿铁青袍，
走进汤家庄，
改换大红袍。

（虾）

皮黑肉儿白，
肚里墨样黑，
从不偷东西，
硬说它是贼。

（乌贼）

鼻子粗又长，
两牙赛门杠，
双耳如蒲扇，
身子似面墙。

（象）

头长两棵树，
身开白梅花，
性情最温顺，
跑路赛过马。

（梅花鹿）

体形像狗样，
喜欢山里藏，
耳小尾巴大，

常把人畜伤。

（狼）

身体虽不大，
钢针满身插，
遇敌蜷一团，
老虎也无法。

（刺猬）

芙蓉冠，头上戴，
锦衣不用剪刀裁，
果然是个英雄汉，
一唱千户万门开。

（雄鸡）

一生勤劳忙，
专去百花乡，
回来献一物，
香甜胜过糖。

（蜜蜂）

小飞贼，水里生，
干坏事，狠又凶，
偷偷摸摸吸人血，

还要嗡嗡唱一通。

（蚊子）

耳朵长，尾巴短，
红眼睛，白毛衫，
三瓣嘴儿胆子小，
蹦蹦跳跳人喜欢。

（小白兔）

细细长长一条龙，
天天躲在沃土中，
没手没脚会劳动，
钻来钻去把土松。

（蚯蚓）

两个大瓦片，
盖个小房间，
有个胖娃娃，
乖乖睡里边。

（海蚌）

林海之中一医生，
保护树林立大功，
不打针来不给药，

一口叼出肚里虫。

（啄木鸟）

头戴花冠鸟中少，
身穿锦袍好夸耀，
尾巴似扇能收展，
展开尾巴却爱瞧。

（孔雀）

有种鸟，本领高，
尖嘴爱给树开刀，
树木害虫被啄掉，
绿化祖国立功劳。

（啄木鸟）

一只鸟儿真奇怪，
不会飞来跑得快，
遇事总把脑袋藏，
却把屁股露在外。

（鸵鸟）

脚穿钉鞋行无声，
不爱吃素专吃腥，
白天无事打瞌睡，
夜晚捕鼠逞英雄。

（猫）

胡子不多两边翘，
开口说是妙妙妙，
黑夜巡逻眼似灯，
厨房粮库它放哨。

（猫）

脊背突起似山峰，
"沙漠之舟"能载重，

风沙干旱何所惧,
戈壁滩上一英雄。

(骆驼)

一物像人又像狗,
爬竿上树是能手,
擅长模仿人动作,
家里没有山中有。

(猴)

有种动物长得棒,
拉车善走有力量,
一辈不生儿和女,
不像爹来不像娘。

(骡)

身穿皮袄黄又黄,
呼啸一声万兽慌,
虽然没帅兵和将,
也称山中一大王。

(虎)

空中排队飞行,
组织纪律严明,
初春来到北方,
深秋南方过冬。

(大雁)

嘴像小铲子,
脚像小扇子,
走路左右摆,
不是摆架子。

(鸭子)

远看是颗星,
近看像灯笼,
到底是什么,
原来是只虫。

(萤火虫)

小小一条龙,
胡须硬似棕,
活着没有血,
死了满身红。

(虾)

一只顺风船,
白篷红船头,
划起两只桨,
湖上四处游。

(鹅)

有个小姑娘,
穿件黄衣裳,
你要欺侮她,
她就戳一枪。

(马蜂)

小时穿黑衣,
大时换白袍,
造一间小屋,
在里面睡觉。

(蚕)

说它是虎它不像,
金钱印在黄袄上,
站在山上吼一声,

72

吓跑猴子吓跑狼。

（金钱豹）

形状像耗子，
生活像猴子，
爬在树枝上，
忙着摘果子。

（松鼠）

生在田野中，
昼藏夜里行，
背了一身刺，
遇敌呈球形。

（刺猬）

会飞不是鸟，
两翅没有毛，
白天休息晚活动，
捕捉害虫本领高。

（蝙蝠）

铁嘴弯弯眼雪亮，
海阔天空任飞翔，
捕捉鼠蛇除虫害，
不怕虎豹和豺狼。

（鹰）

说它是马猜错了，
穿的衣服净道道，
把它放进动物园，
大人小孩都爱瞧。

（斑马）

坐下像只猫，
飞起像只鸟，
夜间捉田鼠，
眼亮嗅觉敏。

（猫头鹰）

身穿绿花袄，
爱唱又爱跳，
住在水晶宫，
陆地把食找。

（青蛙）

生来性暴躁，
身穿黄皮袄，
自称山中王，
别猜它是猫。

（虎）

嘴像小铲子，
脚像小扇子，
走路晃膀子，
水上划船子。

（鸭）

穿件硬壳袍，

缩头又缩脑，

水面四脚划，

岸上慢慢跑。

（乌龟）

身穿白袍子，

头戴红帽子，

走路像公子，

说话高嗓子。

（鹅）

驼背老公公，

头上一蓬葱，

杀了不见血，

见汤就变红。

（虾）

一条绳，软又轻，

埋在土里会动弹。

（蚯蚓）

远看一把伞，

近看没有柄，

一拳打得破，

万人做不成。

（蜘蛛网）

是牛从来不耕田，

体矮毛密能耐寒，

爬冰卧雪善驮远，

"高原之舟"人人赞。

（牦牛）

为你打我，

为我打你，

打得你皮开，

打得我出血。

（蚊子）

夏前它来到，
秋后没处找，
催咱快播种，
年年来一遭。

（布谷鸟）

腿细长，脚瘦小，
戴红帽，穿白袍。

（鹤）

头黑肚白尾巴长，
传说娶妻忘了娘，
其实它受人喜爱，
因为常来报吉祥。

（喜鹊）

日城上面叫跳，
夜宿古堂佛庙，
等到三麦登场，
首先它要尝到。

（麻雀）

大姐天天逛花园，
二哥弹琴夜黑天，
三姐织布到天明，
四妹做饭香又甜。

（蝴蝶，蝈蝈，蜘蛛，蜜蜂）

嘴尖不长毛，
身穿大红袍，
走路蹦又跳，
晚上把人扰。

（跳蚤）

会吼的马儿骑不得，
会游的鞭子拿不得，
地上的琵琶弹不得，
倒挂的莲蓬吃不得。

（斑马，蛇，螳螂，马蜂窝）

大姐用针不用线，
二姐用线不用针，

三姐点灯不做活，
四姐做活不点灯。

（蜜蜂，蜘蛛，萤火虫，蝙蝠）

大姐上山滑溜溜，
二姐下山滚绣球，
三姐磕头梆梆响，
四姐洗脸不梳头。

（蛇，刺猬，啄木鸟，猫）

是鸡不长毛，
是牛不耕田，
是猫不捕鼠，
是虎不上山。

（田鸡，蜗牛，熊猫，壁虎）

一个叫姑姑，
一个叫妈妈，
一个叫哥哥，
一个叫娃娃。

（鸽，羊，鸡，乌鸦）

播种。

（布谷）

整容。

（画眉）

美的旋律。

（妙音鸟）

恍然大悟。

（知了）

兄长多。

（八哥）

霜须公。

（白头翁）

视力赛。

（比目鱼）

北京零时。

（燕子）

墙上大虫。

（壁虎）

莺歌燕啭。

（唤春）

浣花草堂。

（杜宇）

赤道白条。

（热带）

花岗岩脑袋。

（石首）

抬头望北斗。

（瞻星）

浑身是尖针。

（刺猬）

路单没有字。

（白条）

样子差不多。

（象）

慈母手中线。

（络丝娘）

饱览千里云和月。

（宵行）

漫无边际信口吹。

（海牛）

看名字有点逞能。

（熊）

羽毛特异胜诸禽，
出谷堪听好声音，
只因别具有特色，
博得许多赞扬声。

（黄莺）

身穿鲜艳百花衣，
爱在山丘耍儿戏，
稍微有点情况紧，
只顾头来不顾尾。

（野鸡）

大姐会跳不会走，
二姐一叫天将晓，
三姐爱织百花扇，
四姐水中把船摇。

（麻雀，公鸡，孔雀，鸭子）

大姐飞行有规矩，
二姐总是成双对，
三姐人云它亦云，
四姐晚上寻粮食。

（雁，鸳鸯，鹦鹉，猫头鹰）

草原是老家，
苏武曾伴它，
皮毛骨肉乳，
支援搞"四化"。

（羊）

守夜受人夸，
优势遭人骂，
摇尾人不齿，
画虎怕像它。

（犬）

爬墙上壁是英雄，

身体扁平善捉虫，
尾巴断了能再生，
中医称它是"守宫"。

（壁虎）

我非六畜，
专吃五谷，
杀我无血，
吃我无肉。

（螟虫）

房上的灰，
树上的炭，
河里的木头泡不烂。

（鸽子，乌鸦，鱼）

行也是立，
立也是立，
坐也是立，
卧也是立。

（鹤）

捕捉民畜肥其身，
热带河域逞凶横，
貌似慈悲假流泪，
韩公对之有雄文。

（鳄鱼）

先修十字街，
后修月花台，
身子不用动，
口粮自送来。

（蜘蛛）

有位小姐黑又黑，

来时天公放春雷，
故居就在屋檐下，
为增春色满天飞。

（燕子）

小小鸟儿周身黑，
秋去江南春又归，
衔来泥草做新巢，
一生专吃害人虫。

（燕子）

性子像鸭水里游，
样子像鸟天上飞，
处处出现成双对，
夫妻恩爱总不离。

（鸳鸯）

像鼠却又尾巴大，
家里从来没有它，
山上安家名喜欢，
爬山上树本领大。

（松鼠）

号称上等鸟，

从未上天空。

（鸭）

身长近一丈，
鼻在头顶上，
腹白背青黑，
安家在海洋。

（海豚）

嘴长颈长脚也长，
爱穿一身白衣裳，
常在水边结伙伴，
田野沟渠寻食粮。

（白鹭）

展翅飞翔万里行，
双双慧眼识归程，
千载沧桑功犹在，
传递讯息献忠心。

（信鸽）

无头无脑无心脏，
体内柔软甲似钢，

别看泥里沙里住，
腹中却有珍珠宝。

（河蚌）

地下地面四处跑，
专把庄稼根子咬，
人们除害用农药，
我来翻地把它找。

（蝼蛄）

吃进草，挤出宝，
养分给人民，
功劳真不小。

（奶牛）

叫虎不是虎，
叫蚕不是蚕，
咬断植物茎，
专把坏事干。

（地蚕）

身体细长没脚手，
闻乐起舞有剧毒，
行动起来走曲线，
画它千万莫添足。

（眼镜蛇）

叫猫不是猫，
竹叶当食粮，
老家在中国，
美名传四方。

（熊猫）

个子不大，

能量不小,
团结互助,
勇敢勤劳,
能啃骨头,
会挖地道,
行军作战,
井井有条。

(蚂蚁)

身穿绿衣裳,
捉虫称健将,
谁说它挡车,
实在是冤枉。

(螳螂)

暑夏枝头叫,
声声都知道,
大头又大嘴,
大吵还大闹。

(蝉)

身如大蚂蚁,
爱爬又会飞,
木头当粮食,
房屋被它毁。

(白蚂蚁)

凶猛能爬树,
直立能行走,
手掌很珍贵,
不因它姓狗。

(狗熊)

穿皮衣,踏钉鞋,
只洗脸,不梳头,
日间无事梦周公,
半夜三更寻点心。

(猫)

纸糊灯笼纸糊坑，
生下娃娃颠倒放。

（马蜂）

老骥伏枥志千里，
的卢一跃过檀溪，
邀得伯乐王良顾，
一日千里不停蹄。 （马）

亲人盼我快些醒，
仇人怕我睡不熟，
百兽尊我为大王，

好汉怕我一声吼。

（狮子）

头大脚掌大，
像个笨冬瓜，
四肢短又粗，
大多穿黑褂。

（熊）

两弯新月长头上，
常常喜欢水中躺，
身体庞大毛灰黑，
劳动是个好闯将。

（水牛）

科学技术谜

像箭不是箭，
爱在高处站，
从来立不稳，
老是随风转。

（风向标）

不怕细菌小，
再小能看到，
安家实验室，
科研立功劳。

（显微镜）

屁股一喷烟，
直奔九重天，
人造小星星，
靠它送上天。

（火箭）

身体微小还可分，
宇宙万物它构成，
若是核心被击碎，
放出能量使人惊。

（原子）

名字叫船不像船，
不在水里飞天边，

太字奥秘它探索，
嫦娥姐姐笑开颜。

（宇宙飞船）

一间屋一扇窗，
窗里有个小姑娘，
电学知识懂得多，
问她便答来回忙。

（万能电表）

通道如发细又细，

容量极大又保密，
能打电话能发报，
互不干扰真便利。

（光纤通信）

电视机前琴一架，
琴前坐位书画家，
不操笔墨敲琴键，
荧屏顿现字与画。

（电脑）

小小机器生得怪，
玻璃眼睛长在外，
谁若让它瞧上了，
眨眼把你画下来。

（照相机）

伴随红日来人间，
热浪无比胜烈焰，
可以取暖和制冷，

可以靠它来发电。

（太阳能）

一颗星星金光闪，
绕着地球转得欢，
会播音乐会唱歌，
会给山河拍照片。

（人造地球卫星）

说它是声耳难闻，
说它是光不见影，
能帮渔民找鱼群，
能助医生查病人。

（电子计算机）

高高遨游在太空，
监视雷电与台风，
观测云层和雨雾，
资料全给地面用。

（气象卫星）

一只箱子靠着墙，
不放衣服不放粮，
数九寒天送温暖，
三伏大暑送凉爽。

（空调）

圆圆才子个儿小，
爱在数字脚边跑，
跑到右边数变大，
跑到左边数变小。

（小数点）

写字不用蘸墨水，
荧屏上面显神威，
操纵电子计算机。
指令图形紧相随。

（光笔）

陆上行，水上开，
它的速度真正快。
不是飞机和火箭，
却能架水飞起来。

（气垫船）

一间小屋真稀奇，
有门没窗无家具，
乘客只要走进去，
上下不用爬楼梯。

（电梯）

样子像座高射炮，
日月星辰能看到，
自从人们有了它，

宇宙秘密揭开了。

（天文望远镜）

铁架架，本领大，
送戏送歌又送画，
好消息，全知道，
天下大事传到家。

（电视塔）

叮铃铃，叮铃铃，
又会说话又能听，
日常生活少不了，
传递消息数它行。

（电话）

展翅高飞宇宙间，
太空大地任往返，
可放卫星或回收，

能装空中实验站。

（航天飞机）

天上有颗小小星，
五洲四海能联通，
只要请它帮帮忙，
互相能看又能听。

（电视通讯卫星）

有只浴缸不寻常，
里面圆圆外面方，
洗的人儿站一边，
尽往缸里扔衣裳。

（洗衣机）

燕子空中来回行，
播洒甘霖为人民，
不怕老天雨不下，
滋润禾苗一片情。

（人工降雨）

海上有个信号兵，
不怕浪打和雨淋，
为使船只不迷航，
夜夜工作到天明。

（航标灯）

远看像把白银伞，
伞心朝上亮闪闪，
仰头望着太阳笑，
能烧水来能做饭。

（太阳灶）

细细身子头尖尖，
扎根大地顶着天，
为了保护建筑物，
不惜挺身迎雷电。

（避雷针）

我家有个铁娃娃，

会说会唱人人夸，
嗓子洪亮嘴巴巧，
叫它唱啥它唱啥。

（卡拉 OK 话筒）

形如钟表不是表，
不报钟点和分秒，
中国古人发明它，
东南西北巧引导。

（指南针）

千里长龙蜿蜒穿，
吐出黑油如涌泉，
隐身地下默无闻，
造福人类供能源。

（地下输油管）

跑路跟光一样快，
能把图像声音载，
路上戴着隐身帽，

到达终点现出来。

（电磁波）

一幢漂亮小楼房，
有墙有门没有窗，
墙外热得汗直淌，
墙里个个都冻僵。

（电冰箱）

好大一朵牵牛花，
有根藤儿连着它，
花前不见观赏人，
花中怎有人说话。

（扩音喇叭）

自然科学名词谜

块金。

（钫）

财迷。

（锶）

炼金。

（钬）

美元。

（镁）

取款。

（锗）

工资。

（镣）

丢钱。

（铁）

男排。

（原子序列）

解冻。

（硬水软化）

头等奖。

（钾）

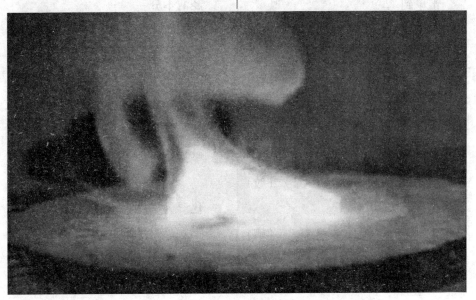

加班费。

(锌)

金钱梦。

(锶)

万点金。

(钫)

流浪儿。

(游子)

六十秒。

(分解)

单身流。

(化合)

老样子。

(固态)

口腔表。

(含量)

汇单到了。

(铼)

远年货币。

(钴)

二等金属。

(钇)

宝贝姑娘。

(钕)

抵押石头。

(碘)

气压双水。

(氮)

边锋射门。

(钌)

黄金白银。

(铂)

金边漂亮。

(镁)

半土半洋。

(汞)

洪峰已退。

(水解)

逐项说明。

(分解)

好逸恶劳。

(惰性)

丰衣足食。

(饱含)

泾渭不分。

(混合)

一模一样。

(真像)

火上加油。

(助燃)

坚持复习。

(常温)

化湿为显。

(脱水)

半男半女。

(两性)

浪子回头。

（脱水）

手工作坊。

（无机）

取而代之。

（置换）

一一说明。

（分解）

团结一致。

（化合）

日月交辉。

（光含）

引火烧身。

（自然）

斤斤计较。

（比重）

饥寒交迫。

（不饱和）

领导有方。

（宫能能团）

助手出力。

（副作用）

不足七天。

（短周期）

寻找东西。

（混合物）

归心似箭。

（反应速度）

金色的黎明。

（钽）

儿子做抵押。

（质子）

金奖白兰地。

（甲醇）

人人有希望。

（周期）

敢怒不敢言。

（光气）

不是继母生。

（原子）

花须连夜发。

（催化）

雷公的儿子。

（电子）

走火车的路。

（轨道）

华夏沐春风。

（中和）

东坡出谜语。

（苏打）

重阳日相会。

（结晶）

计算机做题。

（电解质）

胖嫂家团聚。

（合成胺）

一三局见高低。

（中和）

意恐迟迟归。

（等离子）

换汤不换药。

（还原剂）

祖国蒸蒸日上。

（升华）

一日来日日来。

（晶体）

满座衣冠似雪。

（同位素）

弹弓丢了三天。

（单晶）

开付药先尝尝。

（试剂）

恢复本来面目。

（还原）

八。

（空间）

雪路。

（白遵）

误点。

（时差）

天亮。

（日至）

少发怒。

（节气）

圆桌会餐。

（环食）

口味挑剔。

（偏食）

暗里豁然。

（黑洞）

太阳之冠。

（日冕）

家徒四壁。

（空间）

暴跳如雷不顶用。

（空气）

结茅种杏在云端。

（聚苯）

孰长孰短何得之。

（当量）

千杯万盏会应酬。

（酒精）

雪拥兰关马不前。

（冷却）

钗头凤薏仙婚变。

（游离）

四海翻腾云水怒。

（液化气）

回答仍是老一套。

（还原反应）

隔壁王二不曾偷。

（银的应）

秉公执法拒贿赂。

（物质不灭定律）

第一把手最勤俭节约。

（元素）

十月怀胎，一朝分娩。

（离子）

善捕人家。

（猎户座）

整日接待。

（全天候）

愤怒等待。

（气候）

牛郎织女。

（双星）

一胎两星。

（双子座）

环球旅行。

（世界历）

从早吃到晚。

（日全食）

挑饭到工地。

（带食而出）

金山。

（银河）

钱币花花似流水。

（银河）

万里云天一幅画。

（天空图）

冰山。

（水成岩）

暗河。

（地下水）

日出。

（天光）

陆相。

（地貌）

泽园。

（水城）

顶峰。

（绝对高度）

天涯海角。

（地极）

深入访问。

（钻探）

红色之路。

（赤道）

鱼翔浅底。

（下游）

透明之物。

（晶体）

枫林小径。

（赤道）

样样第一。

（首都）

返航之路。

（回归线）

北极领路人。

（寒带）

太空的终点。

（天极）

发亮的池水。

（光泽）

沉沉一线穿南北。

（地轴）

班。

（组合）

么。

（公差）

北。

（反比）

上。

（等腰）

口。

（圆周）

业。

（虚根）

元。

（圆心）

刀口。

（切点）

顶牛。

（对角）

剃头。

（除法）

马术。

（乘法）

盘点。

（对数）

双轨。

（平行线）

斗牛。

（对顶角）

纱锭。

（延长线）

点头。

（首数）

头绳。

（对角线）

0.3 元。

（三角）

五十分。

（半圆）

牛角刀。

（分解）

生旦净。

（三角）

切豆腐。

（开方）

大和尚。

（方丈）

走马灯。

（无限循环）

断脐带。

（分子，分母）

讨价还价。

（商数）

同室操戈。

（内角）

诊断以后。

（开方）

检查账目。

（对数）

群众舆论。

（公理）

毫厘之差。

（微分）

标准衡器。

（对称）

并驾齐驱。

（平行）

一笔债务。

（负数）

搞错账目。

（误差）

不带零头。

（整数）

计数本领。

（算术）

逐次说明。

（分解）

并肩走路。

（平行）

待命出发。

（尊号）

帮助点钱。

（代数）

机动返航。

（飞归）

储存硬币。

（积分）

从严判刑。

（加法）

脸谱汇集。

（面积）

东张西望。

（移项）

身背喇叭。

（负号）

真不知多少。

（几何）

再计算一次。

（复数）

钟拿在手上。

（端点）

剧场的排号。

（坐标）

请帮他算算。

（代数）

一双一双算。

（对数）

大家的根据。

（公理）

脸皮太厚。

（面积）

坐船守则。

（乘法）

追本溯源。

（求根）

得数不对。

（等差）

邮寄账目。

（函数）

统计信件。

（函数）

屡战皆北。

（负数）

没弯的路。

（直径）

两边清点。

（分数）

账目无错。

（对数）

非常便宜。

（绝对值）

断纱接头。

（延长线）

不穷不曲。

（绝对值）

合法开支。

（有理数）

都想团聚。

（同心圆）

娃娃算时间。

（小数点）

春风吹又生。

（不尽根）

身长多少。

（立体几何）

五四三二一。

（倒数）

骑车不许带人。

（自乘）

兵对兵将对将。

（同位角）

你盼我来我盼你。

（相等）

田。

（重心）

加。

（向心力）

尺。

（能量）

串。

（中和）

付。

（半导体）

显影。

（现象）

水声。

（音波）

奸细。

（伏特）

山坡。

（斜面）

跳伞。

（落体）

捷径。

（短路）

归途。

（回路）

离婚。

（绝缘）

七天。

（周期）

七口。

（电解）

解冻。

（液化）

瀑布。

（直流）

误点。

（时差）

解冻。

（软化水）

没人住。

（空间）

同心干。

（合力）

景德镇。

（磁场）

老脾气。

（惯性）

死读书。

（光字）

一小儿。

（聚光）

亮得快。

（光速）

万里波。

（波长）

喊口号。

（共鸣）

哈哈镜。

（失真）

水变汽。

（蒸光）

器乐曲。

（光谱）

零比零。

（空对空）

有它则明。

（光）

百虑交集。

（聚焦）

海市蜃楼。

（光波）

回身一箭。

（反射）

蜡炬成灰。

（烛光）

春天来了。

（冷光）

二泉映月。

（投影）

涟漪千里。

（波长）

星火燎原。

（势能）

星火燎原。

（焦耳）

一箭之地。

（矢量）

一箭之地。

（距离）

屡教不改。

（惯性）

手不释卷。

（常温）

异口同声。

（共鸣）

两人过秤。

（比重）

同病相怜。

（互感）

海水江牙。

（液动）

镜花水月。

（虚像）

言过其实。

（失真）

周而复始。

（循环）

歌声悦耳。

（调谐）

冲洗底板。

（现象）

器乐合奏。

（共鸣）

非常相似。

（真像）

习以为常。

（惯性）

喋喋不休。

（频道）

势均力敌。

（平衡）

空谷回声。

（波折）

调转箭头。

（反射）

回光返照。

（折射）

刻苦钻研。

（力学）

空谷回声。

（反应）

情绪不安。

（波动）

一致行动。

（同步）

海市蜃楼。

（虚像）

一无所有。

（真空）

目光短浅。

（视差）

大兴水利。

（整流）

一败涂地。

（负极）

怒发冲冠。

（大气）

疏通河道。

（整流）

擒拿间谍。

（伏特）

纹丝不动。

（固体）

轻风拂水。

（微波）

是歌无词。

（光谱）

水上分别。

（游离）

握手告别。

（分离）

大雨如注。

（直流）

融会贯通。

（串联）

以身作则。

（导体）

两面开闸。

（对流）

畅通无阻。

（通路）

引滦明渠。

（整流）

心血来潮。

（脉冲）

六亲不认。

（绝缘）

子赵亦趋。

（同步）

不抓中间。

（两极管）

百步穿杨。

（放射过程）

不重实践。

（光学原理）

飞车走壁。

（圆周运动）

高炉冶炼。

（热处理）

百米冲线。

（加速度）

退回聘礼。

（绝缘物）

不系之舟。

（自由游动）

乡规民约。

（居里定律）

善于交际。

（接触良好）

万里越戎机。

（临界角）

锻炼可强身。

（动能）

锻炼可强身。

（固体）

烤糊了的饼干。

（焦点）

赔了夫人又折兵。

（失重）

千里江陵一日还。

（转速）

牵一发而动全身。

（导体）

春风吹皱一池水。

（微波）

不尽浪涛滚滚来。

（长波）

人体器官谜

日日开箱子，
夜夜关箱子，
箱里一面小镜子，
镜里一个小影子。

（眼睛）

上下两队兵，
把守在洞门，
哪个进城去，
打得碎粉粉。

（牙齿）

兄弟生来三十多，
先生弟弟后生哥，
平常事情弟弟办，
大事一来请哥哥。

（牙齿）

黑线球，白线球，
猜不着，看看我，
四面不见天，
长得很新鲜，
虽然不下雨，
总是湿绵绵。

（眼睛）

三十二个老头，
做事一起动手，
切菜不用菜刀，
舂米不用石臼。

（牙齿）

十条田塍八条沟，
条条田塍瓦盖头。

（手指）

十个兄弟一母生，
算算五对是孪生，
高矮不齐两边站，
仔细一看真对称。

（手指）

十个小伙伴，
分成两个班，

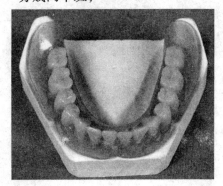

互相团结紧，
倒海又移山。

（手）

全村共有二十娃，
五个搭伙做一家，
两家灵巧会做事，
两家蠢笨地上爬。（手指，脚趾）

双眼眯眯不见天，
脚踏云头软似棉，
在家只有三百日，
出门不知多少年。

（胎儿）

十个秃头小孩，
分开站在两旁，
同床同被同睡，
合穿两件衣裳。

（脚趾）

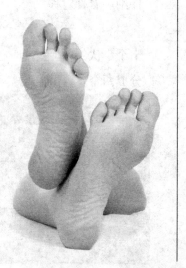

高高山上一蓬麻，
月月割来月月长，
要是天长没人管，
人人见了都笑煞。

（头发）

一个葫芦七个眼，
听的听来喊的喊。

（头）

两间房子一样宽，
大门常开也常关，
房里可容人事物，
难容沙粒在里边。

（眼睛）

上边草，下边草，
当中一颗黑葡萄。

（眼睛）

平地一座山。
望去看不见，
手可摸到山顶，
脚踏不到山边。

（鼻子）

左一孔，右一孔，
是香是臭它最懂。

（鼻子）

红门楼，白门槛，
锁不住，关不严。

（嘴）

小石牌，几十块，

竖在门口分两排，
日夜三次大门开，
十人两桨划进来。

（嘴）

红门楼，白院墙，
里头坐个红衣郎。

（舌头）

白石洞里架红桥，
一头不动一头摇。

（舌头）

一堵红墙两头窄，
能够拦腰两分开，
红墙启合话声起，
你说奇怪不奇怪。

（嘴唇）

左一片，右一片，
说话能听见，
隔了山头不见面。

（耳朵）

高山上一蓬草，
草底下一对宝，
宝底下一个墩，
墩底下开大门。

（头，眼睛，鼻子，嘴）

五个兄弟，
住在一起，
名字不同，
高矮不齐。

（手指）

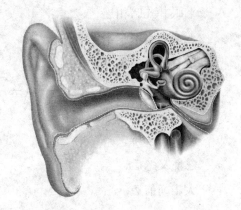

兄弟二人从小分，
隔山隔水不隔音，
无冤无仇也无恨，
就是老死不见面。

（耳朵）

两只大鱼，
互相争先。

（脚板）

一对孩子并排走，
脊背朝前肚朝后，
头上顶着擎天柱，
同心合力抬高楼。

（小腿）

大的分两段，
小的分三段，
总共算一算，
四七二十八段。

（手指）

一个山头七眼井，

七眼井儿暗相连，
五个有水两个干，
所有井口不朝天。

（头）

十个小孩子，
站成两个排，
忽前又忽后，
大步朝前迈。

（脚）

上边毛，下边毛，
当中一颗黑葡萄，
假如你要猜不着，
请你对我瞧一瞧。

（眼睛）

一棵树，五个杈，
不长叶子不开花，
五杈生来常碰头，
团结合作本领大。

（手）

头大尾尖一座山，
两个地洞穿山间，
飞贼胆敢进洞去，
一声炮响赶出关。

（鼻）

白石洞里红姑娘，
甜酸苦辣她会尝。

（舌）

稀奇古怪，古怪稀奇，

前面背脊，后面肚皮。

（小腿）

十个孩子一块耍，
个个头上顶块瓦。

（手指）

孪生兄弟，履行协作，
你追我赶，你起我落，
十个和尚，分居两旁，
日同行路，夜同卧床。

（脚）

背脊朝天，天眼向地，
谁人是我，指指自己。

（鼻子）

天上不生它，
地下不养它，
吃它不见它，
见它不吃它。

（唾液）

浅浅池塘左右开，
池中人影两边排，
有时纵是天晴日，
也会凭空涨水来。

（眼睛）

大如拳头像个桃，
关在小房日夜跳，
伴你工作和休息，
人人说它最重要。

（心）

两片叶儿胸中挂，
吐故纳新作用大，
健儿水上显身手，
主宰浮沉全靠它。

（肺）

不是雨露不是流，
不是清泉有源头，
冬天少来夏天多，
它是勤劳好朋友。

（汗）

一个房子，
四个出口，
来去自如，

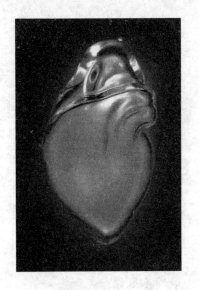

动之不停。

（心脏）

奇怪叶子，
摇曳不定，
不爱阳光，
只爱空气。

（肺）

高高山上一蓬麻，
黑黄棕红色挺杂，
月月割来月月长，
人人头上都有它。

（头发）

翻山越岭脚不走，
吃肉吃饭肚还饥，
读书唱歌不出声，
下雨落雪不湿衣。

（心脏）

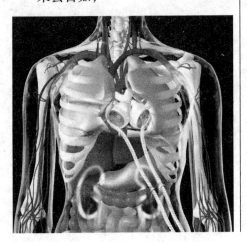

十个和尚，

分别两旁，

五人合穿袈裟，

十人分睡两床。

（脚）

东一片，西一片，

隔着茅山看不见。

（耳朵）

两姐妹，

对面坐，

我看不见你，

你看不见我。

（口）

两棵树上两根杈，

每杈长有五枝芽，

两杈十芽用处大，

创造财富就靠它。

（胳膊）

体积很小，

十分合群，

集之成团，

形状不同。

（细胞）

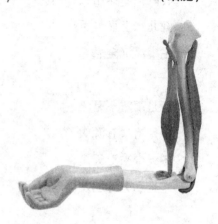

医学名词谜

除害。

（消毒）

守岁。

（更年期）

大忌。

（小便不禁）

小团。

（转移因子）

热病。

（炎症）

女工。

（产妇）

日历。

（太阳经）

兵痞。

（营养不良）

看花。

（视力模糊）

关中。

（大小便失禁）

谜普。

（注射法）

快餐。

（食物过敏）

白人。

（皮肤色素）

秘方。

（封闭治疗）

河间生。

（流产）

东方剑。

（主刀）

讲实话。

（虚脱）

满江红。

（血液）

表面火热。

（皮炎）

清澈见底。

　　　　　　　　　　（透视）

扩招学员。

　　　　　　　　　　（增生）

丹凤朝阳。

　　　　　　　　　　（眼花）

综合治理。

　　　　　　　　　　（会诊）

粗言烂语。

　　　　　　　　　　（口臭）

不可战胜。

　　　　　　　　　　（休克）

化整为零。

　　　　　　　　　　（散光）

只图眼前。

　　　　　　　　　　（近视）

十目十行。

　　　　　　　　　　（眼疾）

寂寞山区。

　　　　　　　　　　（静脉）

一目了然。

　　　　　　　　　　（透视）

愤怒填膺。

　　　　　　　　　　（气胸）

肺腑之言。

　　　　　　　　　　（心音）

过期支取。

　　　　　　　　　　（推拿）

一败如水。

　　　　　　　　　　（输液）

鉴别裂缝。

　　　　　　　　　　（诊断）

金风送爽。

　　　　　　　　　　（消炎）

手拉风箱。

　　　　　　　　　　（人工呼吸）

对答如流。

　　　　　　　　　　（过敏反应）

学当保姆。

　　　　　　　　　　（试管婴儿）

清除路障。

　　　　　　　　　　（消化道阻塞）

女娲炼石。

　　　　　　　　　　（补先天不足）

背灼炎无先。

　　　　　　　　　　（离热）

点火于基层。

　　　　　　　　　　（低烧）

全球只此一个。

　　　　　　　　　　（国际单位）

寡君有疾不起。

　　　　　　　　　　（单人病床）

鲁日三省吾身。

　　　　　　　　　　（体验常规）

抵制精神污染。

　　　　　　　　　　（抗毒素）

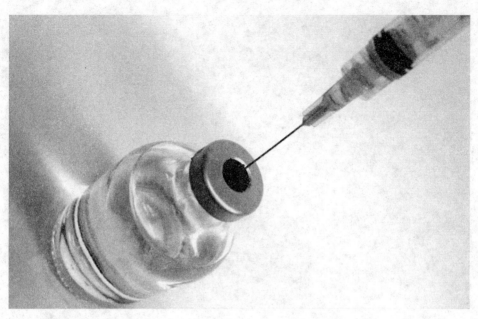

话被夫人打断。

（白内障）

棋室暂停开放。

（局部封闭）

改变偏食习惯。

（矫正口吃）

绿化时逢三月天。

（青春期）

清除不文明习俗。

（破伤风）

聚精会神猜灯谜。

（注射）

牛羊满圈谷满仓。

（积食）

高积累，月承包。

（细胞）

垂帘听政留隐患。

（后遗症）

扶贫致富见成效。

（促长新发）

二、科普谚语

实践与探索谚语

挨一拳，得一着；挨十拳，成诸葛。

八仙过海，各显神通。

百炼熔炉出精钢，久战沙场成勇将。

绊三跤，方知天高地厚。

鼻孔朝天的人，会跌进粪坑。

闭着眼睛捉不住麻雀，不作调查做不好工作。

别人只能为你引路，不能代替你走路。

不查历书，不知节令时日；不调查研究，不知情况虚实。

不吃稗子，不知道粗细。

不到河南，不知中原之大。

不登高山不知天高，不临深渊不知地厚。

不调查研究，不知情况虚实。

不观潮水，不知浪大。

不管白猫黑猫，抓住老鼠就是好猫。

不经一事，不长一智。

不嚼碎，不知味。

不怕乱如麻，就怕不调查。

不骑马不摔跤，不打水不掉筲。

不上当不成内行。

不涉水不知河深浅，不调查不能下结论。

不是撑船手，不要弄篙头。

不向前走不知路远，不经实践不辨真理。

不信耳朵听流言，相信眼睛看实践。

才能本身并无光泽，只有在运用中才发出光彩。

裁衣先量体，修桥先测水。

尝试总有益，多问不吃亏。

常打枪，最后终能射中靶子。

吃亏学伶俐。

吃一堑，长一智。

初生牛犊十八跌，跌完就会跑。

吹嘘在先易，实践在后难。

聪明出自勤奋，才能出自实践。

聪明来自见识广。

聪明人听到一次，就去思考十次，看到一次，就去实践十次。

粗心大意事易败，谨谨慎慎事能成。

挫折可以增长经验，经验能够丰富智慧。

打了三场官司，当得半个律师。

大胆尝试只等于成功的一半。

大胆天下去得，小心寸步难移。

大言不惭的人总是行动最少的人。

当家才知柴米贵，出门才知路难行。

灯盏不拨不亮，情况不摸不明。

调查研究，多智多谋。

动手成功，伸手落空。

多锉出快锯，多做长知识。

耳朵常常会骗人，眼睛是可靠的朋友。

耳过千遍，不如手过一遍。

耳听为虚，眼见为实。

肥沃的土地，不耕种不会结果实；聪明的头脑，不用就会变得迟钝。

丰收在耕耘中获得，谚语在实践中获得。

干到老，学到老。

敢于下水，才能学会游泳；敢于驰骋，才能成为骑手。

高楼大厦是盖起来的，优等射手是练出来的。

工作有时来自灵感，但更经常的是灵感来自工作。

孤陋寡闻最危险。

故步自封会在坦途上迷路。

喊破嗓子，不如甩开膀子。

好话一句胜一千。

会说的不如会听的，会听的不如会做的。

会说的说圆了，不会说的说翻了。

记着去时走错路的教训，回来的时候就顺利多了。

脚底板下出文章。

教训是一盏心坎上永不熄灭的路灯。

经常出门的孩子比父母知道得多。

经得广，知得多。

经历是知识之父。

经验大似学问，欲知前面路，须问过来人。

经验是才智之母。

经验是聪明人的镜子。

经验是受苦的结晶。

经验是岁月的果实。

经验是一所学费昂贵的学校。

经验是知识之母。

经验是最好的老师。

经验用黄金也难买到。

经一番挫折，长一番见识。

开顺船练不出好舵手。

看事容易做事难。

科学不神秘，实践出真知。

可以用行动代替说话，不能用说话代替行动。

空话不如实践。

劳动产生知识。

劳动出智慧，实践出真知。

离开光源越远影子越淡，离开生活越远头脑越空。

烈火炼真金，实践验真理。

路不常走不熟，事不实践不懂。

路是人走出来的。

路子靠人闯，办法靠人想。

旅行是知识的源泉。

没有见过海洋的人，见了池塘也说成大海。

没有实践的科学家，犹如不去酿蜜的蜜蜂。

没有实践的学者，犹如不下蛋的母鸡。

美好理想的实现，要靠实践的阶梯。

摸着石头过河。

脑袋回答不了的问题，双腿能为你找到答案。

能力同肌肉一样，锻炼时才能生长。

泥里跌倒泥里爬。

怕是前进道路上的绊脚石。

平静的海洋里练不出卓越的航海家。

平静的湖面，练不出精干的

水手。

七次量衣一次裁。

巧干来自熟练，熟练来自实践。

人需要在学校中学习，但更须在生活中学习。

如果害怕失败，成功就关在门外。

入山之前先探路，出海之前先看风。

若不实践，连自己的牙齿也刷不

干净。

若想事成，先去打听。

善问路者能过重山，不问路者迷路平原。

上当如领教。

上当学乖，吃亏学能。

涉水过来的人，最知水深浅。

深山打猎人，最识豺狼心。

十个空谈家不如一个实干家。

实践出真知，斗争长才干。

实践的尘土比空想的高山更伟大。

驶出避风的港湾，才能真正认识大海。

世界好比一本书，假使你走遍你的国家，也不过翻开一页而已。

事非亲做，不知难处。

熟读游泳学，不如下大河。

水珠汇集成大海，经历积累成学问。

探宝者不怕跋涉之苦，才有发现宝藏之喜。

体验比知识更重要。

天平是轻重的衡量器，实践是是非的试金石。

铁是打出来的，马是骑出来的。

土地需要辛勤耕耘，知识需要反复探索。

为别人开路的人是走在最前面的人。

伟大的发明是在千百次实验中诞生的。

问遍万家成行家。

先看结的果实，再说它是什么树。

想喝甜水自己挑。

心爱自己的孩子，就要他外出锻炼。

行动比诺言更响亮。

行动是通往知识的惟一道路。

行家一伸手，便知有没有。

行路常开口，天下随便走。

秀才不到田里来，见了麦子当韭菜。

学了谚语不使用，等于种田不播种。

要知道菜的味道，就得亲口尝一尝。

椰子水是甜是酸，先喝一口就知道。

一次亲自经验，当得两次老师指导。

一个人不能在陆地上学会游泳。

一箭一只鸟，是从十箭一只鸟开始的。

用眼睛读世间这一部活书。

有经验的人，不是活得长的人，而是见得多的人。

有知识的人不实践，等于蜜蜂不酿蜜。

羽翼是在飞翔中长硬的。

越碰钉子越长心眼。

再能干的工匠也会有失手的时候。

在飞翔中识别鸟儿，在奔驰中识别马儿，在疆场上识别骑士。

知识的果实长在高山顶，站在山下叹息毫无收获。

知识是个宝库，打开这个宝库的钥匙是实践。

知识需要不懈地探索。

只踏着别人的脚印走，永远不能发现新的路。

只有实践的钥匙，才能打开知识

的宝库。

只有希望而没有实践，只能在梦里收获。

专家成于钻研，熟练在于多做。

走遍各地的愚蠢人，胜过坐破垫子的聪明人。

走走看看，不如亲手干干。

嘴勤不如手勤。

嘴头空话连篇，不如劳动实践。

最好的骏马是骑出来的，最有才干的人是磨练出来的。

自然事理谚语

芭蕉树再大，也不能当屋梁。

把蛇放在竹筒里也不会变直。

白布落染缸，一世洗不清。

白的可以变黑，黑的难以变白。

白酒红人面，黄金黑人心。

百花畏暴雨，万木怕深秋。

稗子里剥不出白米，狗嘴里吐不出象牙。

绊人的桩不一定高，咬人的狗不一定叫。

宝石在识宝人的手中，才能显出真正的价值。

豹子下山不如狗，凤凰落地不如鸡。

暴雨过后天更晴。

被雨淋过的人不怕露水。

笨鸟先飞早入林。

笔直的树，有盘曲的根。

避风巷里捕不到大鲨鱼。

不当和尚不知道头冷。

不到时候天不亮。

不经厨子手，没有五香味。

不经风霜吹打的柿子不甜。

不闹大海龙难擒，不闹虎穴虎难捉。

不怕硬嘴鸟，最怕蛀心虫。

不熟的果子不香。

不养奶牛打不成酥油。

不织网的蜘蛛捉不到虫。

参天大树始于种子。

苍蝇不叮没缝的鸭蛋。

豺狼装笑，是为了吃人。

长木匠，短铁匠，不长不短玻璃匠。

车到山前必有路，船到桥头自然直。

车多碍辙，船多擦边。

车多不碍路，船多不碍江。

车夫的腿，律师的嘴。

车行半坡停不得。

车有车道，马有马路。

乘马之后才知马力，锤炼之后才

知铁坚。

秤砣虽小压千金，雨打沙滩万点坑。

吃饱的猫不捉老鼠。

吃过黄连苦，更知蜜糖甜。

池中无水留不得鱼。

丑驹可能长成良马。

臭蛋孵不出鸡子，枯木发不了新芽。

臭肉招引苍蝇。

出海要知鱼情，打仗要知敌情。

初生牛犊不怕虎，长出犄角倒怕狼。

船舵虽小，但能操纵大船。

船无水难行，鸟无翅难飞。

垂下的树枝常常是结满了果实，驯良的孔雀常常有美丽的尾巴，温顺的马常常会走得很快，纯真的人常常是有学问的学者。

粗瓷茶碗雕不上细花。

粗针难织细活。

打墙板，上下翻。

打蛇莫打尾。

打铁观火候，穿鞋要量脚。

打铁先得本身硬。

大刺扎人好拔除，小刺扎肉不好找。

大豆不挤不出油，时间不挤自会溜。

大海哪能没有浪。

大海永远不会被蒙上灰尘。

大河有水小河满，大河无水小河干。

大漏漏不长，细漏漏干塘。

大拳头打不着小跳蚤。

大石头也要小石头垫。

大树大荫凉。

大树底下必有枯枝。

大树底下长不出好草。

大树底下好乘凉。

大水首先冲毁的是不坚固的河堤。

大堂不生五谷。

大厦要倒，独木难撑。

大鱼吃小鱼，小鱼吃虾米，虾米吃泥巴。

单人难做事，独翅难飞天。

单线不能搓成绳，一人难撑两只船。

单枝易断，多枝难断。

担子越重，脚印越深。

胆小鬼吓唬别人的时候嗓门最高。

淡酒多杯会醉人。

刀趁利，火趁热。

稻穗越长得丰满，身子弯得越低。

灯台照人不照己。

灯盏无油枉费心。

凋落的花瓣，没有青草好看。

毒蛇总是曲走，螃蟹总是横行。

独轮车子容易倒。

独木不成林，独花不是春。

独木不成林，一鸟不成群。

独拳难打虎。

独弦不成音，独木不成林。

蠹虫虽小能使梁柱倒坏，蚊虻虽

小能使牛羊逃跑。

堆起了牧草，就会有肥壮的羊群。

对蚂蚁来说，一碗水就是海洋。

钝刀子也能割破手，小石头也能打破头。

恶狗到处挨棍棒。

恶狗咬人先摆尾，毒蛇咬人先吹风。

方木头不滚，圆木头不稳。

风不吹，树不动。

风若不顺，不能张帆。

风是雨的头。

风再大，山岭也不会摇晃。

风筝放得高，跌下来一团糟。

凤凰乌鸦不同音，稻草稗草不同性。

凤凰总想攀高枝。

伏虎要知虎性。

浮在水面上的网，只能捕到小鱼。

斧头再快也削不了自己的柄。

腐肉不去，好肉不长。

甘蔗从顶头往下越吃越甜。

赶鸭子的人，总是跟在鸭子后边。

赶着鸭子上不了架，逼着哑巴说不了话。

高楼靠一砖一瓦垒起。

高山出俊鸟。

胳膊扭不过大腿。

根深不怕风摇动，树正何愁月影移。

根深叶茂，本固枝荣。

跟着好人学好人，跟着老虎学咬人。

狗熊嘴大啃地瓜，麻雀嘴小啄芝麻。

狗嘴里吐不出象牙。

姑娘讲绣花，秀才讲文章。

谷草漂在水面，宝珠沉入水底。

关起门来打狗，堵住笼子抓鸡。

关在笼子里的百灵鸟，唱不出自由的歌。

滚动的石头上不长青苔。

海水虽多不能解渴。

海洋虽然低下，但它可以汇集百川之水。

海再深也有底，树再高也有根。

寒霜打死单根草，狂风吹不倒大森林。

好狗不跳，好猪不叫。

好话说尽不充饥，墙上画马不能骑。

好客的朋友多，好说的废话多。

好马不在鞍，人美不在衫。

好事导向幸福，恶事引往坟墓。

好手难挡四面风。

好树结好果，好铁铸好锅。

好土出好苗，好苗结好果。

好药难治冤孽病，好话难劝糊涂虫。

河水越深响声越小。

荷叶包不住刺菱。

黑鸡生的都是白蛋。

黑老鸹洗不成白鹅。

红花还要绿叶扶。

虹搭的桥不能走，蛇扮的绳不能抓。

后上船者先登岸。

后生的犄角，赛过先长的耳朵。

狐狸藏不住尾巴。

狐狸看鸡，越看越稀。

湖广熟，天下足。

虎毒不食子。

虎口里讨不出肉来。

虎鹿不同游。

花朵无论多么香，它也没有果子那么甜。

花言巧语顶不了钱，山珍海味少不了盐。

华山自古一条路。

画人难画手，画树难画柳，画马难画走，画兽难画狗。

话无笼头，风无牵绳。

黄金不打难成器，宝剑钝时也要磨。

黄金虽埋藏在地下，但它的光彩能照耀天际。

黄金要从沙子里淘，骏马要从马群中找。

黄鼠狼单咬病鸭子。

回音大的河一定水少，大声嚷嚷的人一定浅薄。

会说笑话的人自己不笑，真正聪明的人不说自己聪明。

火烤胸前暖，风吹背后寒。

火山爆发是挡不住的。

假如死去一个老人，等于烧毁一座图书馆。

嫁鸡随鸡，嫁狗随狗，嫁给狐狸满山走。

脚大的人总嫌靴子小。

叫唤的鸟儿不长肉，好斗的公鸡不长毛。

金刚石也要琢磨。

金钢钻小，能钻瓷器。

金丝鸟笼装得虽好，但夜莺爱的还是荆棘丛林。

金银在它熔化的时候才能知道，猛象在它战斗的时候才能知道。

金子埋得再深不会生锈，伟人逝世再久不会磨灭。

劲松能抗疾风卷，翠柏可耐霜雪寒。

近水楼台先得月，向阳花木早逢春。

井底蛙天窄，山顶鹰眼宽。

井水里没有鱼，枯枝上没有叶。

井水没有鱼虾，谚语没有假话。

久旱知雨贵，天黑显灯明。

酒量小的人，喝两杯就会天旋地转。

就是象牙也会有裂缝。

锯子虽然小，也能锯倒大树；绳子虽然软，也能勒断大石。

聚沙成塔，滴水成海。

涓涓之流，汇成大海。

卡人先卡喉，打蛇先打头。

开放一朵花，还不能算是春天。

开弓没有回头箭。

砍断的竹子接不上，出土的笋子捂不住。

空壳的麦穗头高。

空心大树不成材。

空中无风树不摇，天不下雨地不湿。

口袋装着什么才能取出什么。

快刀不削自己的柄。

快刀斩乱麻。

快马不用鞭催，响鼓不用重锤。

狂风吹不灭萤火，槐树长不出苹果。

狂风能卷起戈壁滩上的万顷散沙，却不能拔掉昆仑山上的一棵小草。

懒猫逮不住死老鼠。

烂船还有三千钉。

狼肚子里没有好心肠。

狼在只剩下一口气的时候，还是想吃羊。

狼终究是狼，不能指望它吃青草。

狼走遍天下吃肉，狗走遍天下吃屎。

浪大挡不住鱼穿水，山高遮不住太阳红。

浪花永远盛开在激流和风浪中。

老狐狸不易陷罗网。

老狐狸无须教计谋。

老虎不敢吃成群的牦牛。

老虎一个能拦路，耗子一窝得喂猫。

老虎有打盹的时候，骏马有失蹄的时候。

老鸡不上灶，小鸡不乱飞。

老麻雀不上谷糠的当。

老马蹄下不迷路，哪怕野草深。

老鼠看仓，看个精光。

老鹰窠内无善鸟。

老鹰爪子大，不一定捉得住苍蝇。

冷水里做不出热豆腐来。

冷铁难打，老竹难弯。

离群的绵羊，迟早要喂狼。

黎明之前天最黑。

鲤鱼找鲤鱼，鲫鱼找鲫鱼。

力量不在于宽阔的外衣，而在于筋肉。

利刀偏要石上磨。

利箭还要靠强弓，花红要有育花人。

良马在它走道儿的时候才能知道。

龙不离海，虎不离山。

龙虎相斗，必有一伤。

龙头怎么甩，龙尾怎么摆。

龙游浅水遭虾戏，虎落平川被犬欺，豹子下河不如狗，凤凰落地不如鸡。

露水灌不满井。

路在人走，事在人为。

驴不知自丑，猴不嫌脸瘦。

骆驼把鼻子探进帐篷，不久它的身子也会挤进来。

骆驼的脖子再长，也吃不着隔山的草；兔子的腿再短，一样能翻过山。

骆驼看不见自己的脖子长。

马打滚的地方总有毛落。

马到临崖收缰晚，船到江心转舵难。

马儿跑得凶，一把抓马鬃。

马看不见自己的脸长，羊看不见自己的角弯。

马怕鞭子牛怕火，狗见砖头就要躲。

马善逗人骑，人善逗人喜。

马上摔死英雄汉，河中淹死会水人。

马在软地上易失前蹄。

蚂蚁虽然小，大山啃得掉。

满瓢水不荡，半瓢水乱晃。

盲人常说他听到过的事，聋子常说他见到过的事。

盲人给盲人带路，只能一起掉进沟里。

猫不急不上树，兔不急不咬人。

猫的尾巴，越摸越翘。

猫儿得势雄似虎，凤凰落魄不如鸡。

猫急上树，狗急跳墙。

猫小不忘悄悄走，蛇细不忘盘着躺。

猫咬猫，老鼠笑。

茂密的森林不怕雨打。

没风树不响，没潮不起浪。

没缝的鸡蛋不生蛆。

没土打不成墙，没苗长不出粮。

没有不可救药的恶习。

没有不生杂草的花园。

没有不透风的篱笆。

没有不透风的墙，没有不进光的筐。

没有高山，不显平地。

没有过不去的河，没有爬不上去的坡。

没有好鹰抓不住狐狸，没有好马走不了千里。

没有好种出不了好苗，没有好花结不了好桃。

没有家腥，引不来野猫。

没有敲不响的钟。

没有时时刻刻，就没有年年月月。

没有太阳的白昼阴沉沉。

没有太阳天就阴暗。

没有羽毛不成鸟。

没有雨水滋润，麦苗不会苗壮成长。

没有月亮的夜晚黑沉沉。

没有在沙漠里干渴过的人，不知道水的真正价值。

煤兜里取不出白面粉。

每颗谷粒都有它的糠皮。

每条河都有自己的方向。

蜜蜂，博采百花酿纯蜜；蚯蚓，贪吃泥土泻土粒。

棉花多了不缺衣衫。

明月不常圆，彩云容易散。

明珠出在老蚌。

明珠放在哪里都闪光。

魔鬼并不像画的那么可怕，事情不像想象的那么困难。

母鸡的理想只不过是一把糠。

母鸡咯咯叫一天还是只能生一个蛋。

母狮难得生子，但一生下来就是小狮。

木偶不会自己跳，幕后定有引线人。

哪儿有花哪儿就有蝴蝶。

嫩竹长成材，能挑千斤担。

泥胎变不成活佛。

年怕中秋月怕半，星期只怕礼拜三。

牛大压不死虱子，山大压不住泉水。

牛犊总能找到自己的娘。

牛眼看人高，狗眼看人低。

农夫有多大本事，到他田里绕一圈便知。

飘散的树叶经不住风吹。

平地有好花，高山有好茶。

瓶花虽好不经霜。

破船经不起顶头风。

齐心的蚂蚁吃鹿角，合心的喜鹊捉老虎。

气不匀，饭不熟。

气可鼓不可泄。

千篙撑船，一篙靠岸。

千个师傅千个法。

千里之堤，溃于蚁穴。

千年大路走成河。

千年古道变成河。

千树连根，十指连心。

千丈的绳子还是从头搓起的。

前车之覆，后车之鉴。

前有车，后有辙。

浅薄无能的人，比谁都自高自大；不吸收营养水分的果树，树干一定僵硬干瘪。

巧媳妇煮不得没米粥。

茄子也让三分老。

青出于蓝胜于蓝。

蚯蚓难成龙，树叶搓不成绳。

泉水不怕小，只要水长流。

拳头大的一块石头，可以敲碎一口袋核桃。

群山的美丽是野果和森林。

群星闪闪朝北斗，葵花朵朵向太阳。

群雁无首不成行，羊群出圈看头羊。

人不知春草知春。

人间哪有不死药。

人在甜言中容易栽跟斗，马在软地上常会失前蹄。

任何灾难总有个尽头，连阴雨也有天晴的时候。

日有所思，夜有所梦。

入国问禁，入境问俗，入家问忌。

软藤子缠死硬树。

若是骏马,虽无鞍架还是骏马。

三寸的舌头,能够指挥五尺的身体。

三寸之舌可夺五尺之躯。

沙粒虽小伤人眼,白蚁虽小毁栋梁。

山不转水转。

山峰多的地方没有直路。

山高林也高,井深水更凉。

山高一丈,水冷三分。

山高遮不住太阳,水大漫不过船。

山洪一旦爆发,任何力量也挡不住。

山间小溪,咆哮如虎。

山林宜养鸡,水乡宜养鸭。

山上无大鸟,小雀自封王。

山再高也挡不住云霞飘飞。

山中无老虎,猴子称大王。

闪光的东西不一定都是金子。

善有善报，恶有恶报。

上有天堂，下有苏杭。

蛇出洞才好打，草出土才好锄。

蛇无头不行，鸟无翼不飞。

生长在荫处的水果熟不透。

生成的骆驼改不成象。

生姜老的辣，甘蔗大头甜。

生铁炼成钢，要靠炉火旺。

十个指头有长短。

十里不同天。

什么钥匙开什么锁。

石头虽小垒成山，羊毛虽细织成毯。

石头再多也压不住竹笋生长。

世界总是张开双手，准备接纳英才。

是个耗子就怕猫，是猫就能逮得鼠。

树大荫死草。

树高万丈总有根，河流万里总有源。

树靠土长，鱼靠水养。

树老抽枝叶茂盛，云开见月倍光明。

树身生得正，不怕风来摇。

树无根不长，草无雨不发。

双木桥好走，独木桥难行。

水底捞月何曾有，海底寻针毕竟无。

水火不留情。

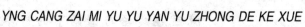

水火不饶人。

水落石现，水浅鱼见。

水面没有波浪，就不一定没有鳄鱼。

水深不响，水响不深。

水有源，树有根。

睡着的鸟容易打中。

四条腿的动物有时会跌跤，博学的人有时也会弄错。

四只脚的大象也会跌跤。

碎麻搓成绳，能担千斤重。

太阳，每天都是新的。

太阳若没有云雾遮挡，会显得分外晴朗。

太阳也有黑子。

太阳之所以伟大，在于它永远消耗自己。

贪食的鱼儿易上钩。

天不言自高，地不言自厚。

天空的彩虹，用手抓不住；聪明的人儿，用嘴难不住。

天亮不是雄鸡啼出来的。

天上的星星使蓝天变得美丽。

天下乌鸦一般黑，世上豺狼都吃人。

甜瓜苦蒂，物不全美。

跳出路面的石子，是绊脚石；脱离机器的螺丝，是废钢铁。

同一根竹子的竹节不会长得完全一样。

头雁先飞，群雁齐追。

土块堵不住喷涌的泉水。

兔子不吃窝边草，老鹰不吃窝下食。

兔子不急不咬人。

兔子靠腿狼靠牙，各有各的谋生法。

兔子腿再短，一样能跑路。

万里长城是一块一块砖头砌成的，汪洋大海是一条一条涧水流成的。

万事尽从忙里错。

万丈高楼从地起。

未伐木之前，需要锐斧。

乌云遮不住太阳，台风吹不落月亮。

无饵不钓鱼，无米不叫鸡。

无风不起浪，有烟必有火，非针不引线，无水不渡船。

无缝的石头流不出水来。

无根寸草不生，无水寸苗不长。

无古不成今。

无梁不成屋。

无声狗咬人。

无梭难织布，无针难绣花。

五岳归来不看山。

溪涧经不起小雨灌，大海能容万条川。

虾子虽然小，却能游过大海。

下久了的小雨也会引起水灾。

夏虫不知冰，井蛙不知天。

先长的眉毛，不如后长的胡子。

险峻的高山要警惕，曲折的道路要谨慎。

香气四溢的花朵有蜂儿聚集。

响水不开，开水不响。

想捉孙悟空，得比孙悟空更神通。

小草在石缝里也照样生长苗壮。

小孩靠爹娘，树木靠根长。

小孩休夸胖，庄稼休夸旺。

小驹可驯，老马难驭。

小马学行嫌路窄，稚鹰展翅恨天低。

小溪流向江河，蜜蜂热恋花朵。

小小火花能燃起熊熊烈火。

小卒过河能吃车马炮。

笑面老虎杀人心。

鞋底少不了鞋帮，秤砣离不开秤杆。

心中没毛病，不怕人谈论。

心中有事心中怯，心中无事硬如铁。

新池无大鱼，新林无长木。

新姜出芽旧姜老。

星火能烧万重山。

雄狮称霸山林，必须在不打瞌睡的时候。

朽木不可攀，浮萍不可踩。

绣花裙子盖鸡笼，外面好看里面空。

绣针再小，不在水面飘；木头再大，不往水底落。

许多人的眼睛总比一个人的眼睛看得清楚。

雪堆埋小猪，总会露出个蹄脚来。

雪莲在雪山上才开放，鱼儿在水里面才游荡。

眼睛是看不够的，耳朵是听不够的。

咬不开果壳，就吃不到果仁。

要使灯亮，必须加油。

要想肚里有，就得到处取。

要知山中事，须问打樵人。

椰壳下面趴着的青蛙认为天就那么大。

一把钥匙开一把锁。

一层布儿挡层风，十层布儿过一冬。

一刀剃不完一个脑袋。

一滴水可以映射出太阳的光辉。

一朵鲜花打扮不出美丽的春天。

一斧子砍不倒一棵大树。

一缸不出两样酒，一树不开两样花。

一个笼里关不下两只斗公鸡。

一个蚂蚁洞可以毁灭一个大坝。

一个人不能同时既纺纱又织布。

一根稻草抛不过墙，一根木头架不起梁。

一根甘蔗榨不成糖，一颗黄豆磨不成浆。

一根竹子撑不起一幢竹楼，千根竹子能够搭起通天云梯。

一锅煮不出两样饭。

一棵树还不是森林。

一颗星星布不满天，一块石头垒不成山。

一块石头支不起一口锅。

一粒火星可以把一条大街烧光。

一马不行百马忧。

一马当先，万马奔腾。

一瓶子醋，稳稳当当；半瓶子醋，晃晃荡荡。

一扇磨磨不出来面。

一熟三分巧。

一天的春风吹不开遍野百花。

一条小毛虫，能把树蛀空。

一条鱼弄得满篮子腥。

一枝动，百枝摇。

一只蛤蟆能够弄浑整个池塘。

一只手掩不住两只耳朵。

一只燕子叫不出春天来。

鹰飞千里靠翅膀，猫捉老鼠靠眼力。

萤火虫再多，也比不上一盏明灯。

油灯熄灭前越发明亮。

有花的地方有刺，出蜜的地方有蜂。

有剪刀无针线，缝不成衣服。

有经验的猎人，能对付凶恶的虎豹。

有山必有水，有水必有路。

有蛀虫，必有啄木鸟。

鱼死先从头上臭。

鱼为诱饵而吞钩，鸟为谷秕而落网。

玉不琢，不发光。

玉石碎了还是宝石。

圆木头不稳，方木头不滚。

月亮不理睬狗叫。

月虽有光，不能晒谷。

月无常圆，花无常开。

栽在花盆里的果树，结不出丰硕的果实。

再大的蛤蟆也挡不住车。

再好的射手，也有射不中的时候。

在烈火中能显出金子的本色。

在玫瑰园里过夜的，不全是百灵鸟。

在所有的批评家中，最伟大、最正确、最天才的是时间。

早晨的暖和，别以为是一天的暖和。

贼猫不改偷鱼性。

找到了线头，疙瘩才会解开。

针尖大的洞，能吹进斗大的风。

真正的象牙不怕虫蛀。

芝麻开花节节高。

织衣织裤，贵于开头；编筐编篓，贵在收口。

直钩钓不了鱼。

纸即使能盖住火，也藏不住烟。

指甲和肉分不开。

猪肉贴不到羊身上。

竹篮打水一场空。

竹子并不都是圆的。

竹子即使被焚，竹节还是直的。

纵然蛤蟆唾液，对海也有补益。

最干净的米里也有谷子。

最坚强的岩石也会风化。

最远的路都从近处开始。

真理与哲理谚语

挨狗咬的人不都是贼。

熬过风霜寒，倍觉太阳暖。

暴雨能穿通屋顶，细雨能穿通岩石。

本领在知识中，知识在学习中，学习在生活中，生活在斗争中。

鼻孔朝天的人，会跌下粪坑。

编筐编篓，重在收口；描龙描凤，难在点睛。

兵败如山倒。

不吃苦中苦，不知甜中甜。

不吃鱼，口不腥。

不戴望远镜，难看千里远。

不到火候不揭锅。

不登高山，不显平地。

不懂装懂，头皮碰肿。

不动笤帚地不光，不动锅铲菜不香。

不怀疑不能见真理。

不会捕鱼的人，只会把河水弄浑。

不经冬寒，不知春暖。

不论包装得多么巧妙，臭东西总要发出臭味来。

不怕弓弯，就怕理直。

不怕力小怕孤单，众人协力金不换。

不怕楼房高，只要根基牢。

不怕树大根粗，只要斧勤砍。

不怕一万，就怕万一。

不去苦练骑术，赛马时怎能披上红绸。

不撒大网，不得大鱼。

不贪便宜不上当。

不问路，要迷路。

不下苦功夫，哪会有成果。

不相信真理是最大的顽症。

不幸是一所最好的大学。

不要一见到树皮，就对这棵树下起结论来。

不应多思考胜利，而应多思考失败。

不种今年竹，哪有来年笋。

不做贼心不惊，不吃鱼嘴不腥。

苍蝇不钻没缝的蛋。

草儿长在水边就发青。

察往知来，察古知今。

差之毫厘，失之千里。

长的旅程，路必崎岖。

常问路不会迷失方向。

潮有涨落时，人有盛衰日。

沉着的象比慌张的马还要先到目的地。

秤砣虽小压千斤。

尺有所短，寸有所长。

船稳不怕风大，有理通行天下。

吹什么风，落什么雨。

从伟大到可笑只有一步。

聪明的艄公不和坏天气赌气。

挫折是通向真理的桥梁。

错误常常是正确的先导。

打蛇不死，后患无穷。

打铁还靠本身硬。

打鱼的不离船边，打柴的不离山边。

大船需要深水。

大海行船必遇浪。

大家动手干，赛过英雄汉。

大匠手里无弃材。

大小各自有用场。

大雁朝南飞，是为了追求温暖的春天。

单干永远也得不到休息，集体劳动永远也不会觉得疲倦。

当局者迷，旁观者清。

当真理处在谬误的包围中，犹如钻石在垃圾堆里闪光。

刀斧不开刃，费煞能人劲。

到了晚上，才能说今天是好天。

道路越走越宽，真理越辩越明。

灯不拨不亮，理不辩不明。

滴水成河，积少成多。

第一印象不可靠，再三思考最重要。

独臂难举石，人多可移山。

对真理的追求要比对真理的占有更为可贵。

对真理进行驳斥，只会证实自己荒谬。

二人抬不过一个"理"字去。

凡事必有征兆。

凡事都要向前看。

放骆驼的人，熟悉骆驼的性格。

风大就凉，人多就强。

风浪总是听最能干的领航员指挥。

福中有祸，祸中有福。

斧快不怕木头硬。

赶马三年知马性。

隔行不隔理。

个人的聪明有限，集体的智慧无穷。

个头大的辣椒不一定能辣过个头小的辣椒。

弓是弯的，理是直的。

公理自在人心，是非自有公论。

功夫不负有心人。

篝火能把寒冷驱散，团结能把敌人打倒。

瓜熟蒂落，水到渠成。

诡辩改变不了真理。

诡计需要伪装，真理喜欢阳光。

鬼火不敢见真火。

过后才知当初错，老来方觉少时非。

海水虽多，不能解渴。

海洋虽大不辞滴水，泰山虽高不却微尘。

好茶不怕细品，好事不怕细论。

好花开不败，好事说不坏。

好花要得绿叶配，好人要得众人扶。

好了疮疤忘了痛，生在福中要知福。

好梦易醒，好事多磨。

好手赶不上人多。

好种子出好苗，好葫芦开好瓢。

合则两利，离则两伤。

黑暗怕阳光，谎言怕真理。

厚云才能降大雨，真理才能说服人。

花香不在多，室雅不在大。

花言巧语逃不出真理的手掌。

话多了不甜，胶多了不粘。

话怕三头对面，事怕挖根掘蔓。

谎言跑得再快，永远追不上真理。

浑水越澄越清，是非越辩越明。

火车跑得快，全靠车头带。

火大没湿柴。

祸不入慎家之门。

祸与福为邻。

激怒中能看出一个人的智慧究竟有多高。

即使为了朋友，也不要否认真理。

疾风知劲草，烈火见真金。

集体的力量如钢铁，众人的智慧如日月。

家不和该穷，国不和该亡。

假充真来终究假，虚作实来毕竟虚。

假如真理反对你，你就向真理投降。

坚持真理比发现真理更难。

讲真理的人，往往会受到攻击。

脚跑不过雨，嘴强不过理。

金钱可以收买小人，但不能收买真理。

近厨得食，近民得力。

近水知鱼性，近山知鸟音。

旧的不去，新的不来。

举一反三，触类旁通。

聚沙成塔，集腋成裘。

科学的海洋没有彼岸，真理的山脉没有顶峰。

"理"字不多重，万人抬不动。

利害相连，福祸为邻。

良药苦口利于病，忠言逆耳利于行。

两个人总比一个人强。

林中没有不弯的树，天下没有十全的物。

留得青山在，不愁没柴烧。

龙眼识珠，凤眼识宝，牛眼识青草。

路是弯的，理是直的。

路越走越宽，理越辩越明。

辘轳虽小，能提千斤。

落进海洋的雨点不会枯干。

麻雀虽小，五脏俱全。

马到悬崖收缰晚，祸到临头悔不及。

蚂蚁洞虽小，能溃千里堤。

毛毛细雨，也能湿透衣裳。

毛毛细雨久下能成大灾。

没大网，捞不着大鱼。

没有舵手的船会沉没。

没有规矩，不成方圆。

没有好骑手，良马也难快。

没有经历过悲伤的人不懂得喜悦。

没有深埋土中的基石，怎有高入云天的大厦。

没有小溪，汇不成大河。

没有一个花园是没有野草的。

没有一个人的幸福不是比较而言的。

每个问题都有它的反面。

明枪易躲，暗箭难防。

莫道君行早，更有早行人。

拿衣提领，张网抓纲。

哪里打失哪里找。

泥人经不起雨打，假话经不起调查。

宁可千日不战，不可一日不防。

宁可听痛苦的真理，也不听甜蜜的谎言。

牛羊多了不缺肉餐。

呕心沥血流大汗，功到迟早成效见。

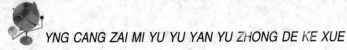

藕发莲生，必定有根。

爬得高，跌得重。

怕走崎岖路，莫想登高峰。

偏见比无知离真理更远。

砌墙先打基，吃蛋先养鸡。

千锤打鼓，一锤定音。

千计万计，群众路线第一计。

千羊在望，不如一兔在手。

千枝万叶一条根，人多心齐土变金。

巧妇难为无米之炊。

切一个面包总要损失一点碎屑的，办成一件事总要付出一定代价的。

勤劳不受穷，团结不受欺。

轻敌者必败。

群力谁能御，齐心石可穿。

群众的眼睛如明星。

染房里染不出白布，阴沟里流不出清水。

热极生风，穷极思变。

人多出理，谷多出米。

人多势众，孤掌难鸣。

人多智多生诸葛。

人类的天职在于勇于探索真理。

人无远虑，必有近忧。

人心齐，泰山移。

人在山外觉得山小，人进山中才知山深。

日长事多，夜长梦多。

如果没有正义，勇气不是美德。

如果同心协力，狮子也能征服。

如果喜欢莲子，就得保护荷花。

若要人不知，除非己莫为。

啥树开啥花，啥花结啥果。

筛子挡不住太阳，威势压不倒真理。

善恶不同途，冰炭不同炉。

伤其十指，不如断其一指。

上梁不正下梁歪。

舌头是肉的，事实是铁的。

深谋远虑，常留余地。

绳子总在细处断。

失败得教训，成功得经验。

失败是成功之母。

时间宝贵，真理更宝贵。

时间是检验真理的尺度。

实话驳不倒，谎言怕追考。

世界上并无事事通。

世界上没有好到不吃草的马。

事实胜于雄辩。

事有凑巧，物有偶然。

事有两面，有利有弊。

是非经久自分明。

是话就有因，是草就有根。

是真理不畏邪恶，是真金不怕火炼。

手不摸红，红不染手。

书到用时方恨少，事非经过不知难。

树大影子大，树小影子小。

树多能挡风，心齐能抗暴。

水落石头现，事后知人心。

水能载舟，亦能覆舟。

水深鱼多，人多智广。

水太清则无鱼，人太紧则无智。

水再净难免有沙，玉再白难免有瑕。

算命若有准，世上无穷人。

太阳落山了，人才感到阳光的可贵。

太阳照亮大地，真理鼓舞人心。

泰山绊不倒人，牛橛子绊倒人。

踢破脚趾的人，走路才会变得小心。

提灯的人一定要走在最前边。

天大的本事，飞不过理去。

甜从苦中来，福从祸中生。

甜的变苦易，苦的变甜难。

同一根竹子的竹节也不会长得完全一样。

屠夫不怕羊多。

团结一致能打虎，齐心合力可擒龙。

万变不离其宗。

万句言语吃不饱，一捧流水能解渴。

万物有始必有终。

万众一条心，力量大无边。

望梅难止渴，画饼不充饥。

危险是安全的邻居。

乌鸦洗不成白鸽子。

无丑不显俊，无奸不显忠。

无风不起浪，有烟必有火。

物有千变。

戏法变得再好，都是假的。

先跑的未必先到。

向别人传道，自己先得懂经。

小病不治成大病，漏眼不塞大堤崩。

小事是大事的根。

小小石头，砸坏大缸。

协力山成玉，同心土变金。

鞋子在什么地方挤脚，惟有穿鞋的人明白。

心急等不得人，性急钓不得鱼。

星星之火，可以燎原。

行正影自直。

幸福从辛苦中来，真理从辩论中来。

虚心不可无，迷信不可有。

盐多了咸，话多了烦。

眼睛虽小，可以看到整个世界。

扬汤止沸，不如去薪。

养花一年，看花十天。

要破东吴兵，还得东吴人。

要想明底细，打破砂锅问到底。

要知泉中水，须问故乡人。

要知真底细，须问知根人。

一朝被蛇咬，十年怕井绳。

一斧子砍不倒一棵大树。

一个篱笆三个桩，一个好汉三个帮。

一个神人不如十个愚人。

一片稀疏的丛林，也比旷野强。

一人拔树不动，万人扛得天动。

一人不敌众人智。

一人气力担一担，众人力量搬倒山。

一人挑土不显眼，众人挑土堆成山。

一时强弱在于力，千古胜负在于理。

一树之果，有酸有甜；一母之子，有愚有贤。

一条毛毛虫，能把树蛀空。

一条腿走不成路。

一万个零，不如一个一。

一叶障目，不见泰山。

一羽试方向，一草试水流。

一针不补，十针难缝。

阴了还晴，黑了还明。

硬树要靠大家砍，难事要靠大

家干。

用惯的方法不一定最好。

有布无剪刀，裁不成衣料；有剪无针线，缝不成衣服。

有风方起浪，无潮水自平。

有斧砍得倒树，有理讲得倒人。

有脚就有路走。

有捞鱼的时候，就有晒网的时候。

有理摆到事上，好钢使到刃上。

有理不怕势来压。

有理讲倒人。

有理讲得君王倒，不怕君王坐得高。

有理说不输，无理说不赢。

有理壮胆，无理心慌。

有千斤的臂力，却不能把一片树叶扔过河岸。

有山必有路，有水必有渡。

有上坡必有下坡，有进路必有退路。

有生必有死。

有兴必有废，有盛必有衰。

有眼不闻真假是瞎子，有耳不闻好坏是聋子。

有因必有果，有利必有害。

欲速则不达，功到自然成。

愈入森林，愈见大树。

远行从近处开始，大事从小事做起。

钥匙不能劈柴，斧子不能开锁。

钥匙对窍才能开锁。

栽李不结桃，真的假不了。

在确信真理之前，应当首先热爱真理。

在正义的事业中，弱者也能战胜强者。

珍珠虽小，价值千金。

真理比金子更值钱。

真理驳不倒，谎言怕追考。

真理不是靠喝彩造出来的，是非不是靠投票能决定的。

真理不需要喋喋不休的誓言。

真理的旅行是不用入境证的。

真理可以遭到伤害，但决不会倒下。

真理迈开大步，谎言就得跑开。

真理是一柄闪闪发光的利剑。

真理像太阳，手掌遮不住。

真理像锥子，袋里藏不住。

真理要从事实中求得。

真理永不老。

真理越辩越明，道理越讲越清。

真正会说话的人，是善于听别人讲话的人。

正义战无不胜，真理高于一切。

只要人手多，石磨搬过河。

只要相互团结，就不会无能为力。

只有对症下药，才能妙手回春。

咫尺虽短，能量万里。

智慧存在于真理之中。

种瓜得瓜，种豆得豆。

种下苦瓜籽，不得甜瓜吃。

众人拾柴火焰高。

仔细听别人吵架，可以明白许多事理。

纵虎归山，必有后患。

走得远的人，见的世面多。

最精美的布上，污点最显而

易见。

最伟大的真理是最平凡的真理。

尊重真理的人是最聪明的人。

养生与医卫谚语

安静乃是养生第一要诀。

安逸不一定是快乐，劳动不一定是痛苦。

八成饱健身，十成饱伤体。

八月秋风渐渐凉，伤风感冒要预防。

百治不如一防。

保持一生健壮的真正方法是延长青春的心。

病后求医不如病前预防。

病来如奔马，病去如抽丝。

不管伤风不伤风，三片生姜一棵葱。

不气不愁，活到白头。

不吸烟，不喝酒，病魔见了绕道走。

尝过疾病苦，方知健康甜。

常讲卫生，百病不生。

常洗衣，常洗澡，常晒被褥疾病少。

吃得干净，少生疾病。

吃饭不闹，吃饱不跳。

吃饭定量，不伤胃肠。

吃饭缺了钙，骨牙就会坏。

吃饭缺了铁，就会得贫血。

吃饭少一口，活到九十九。

吃饭先吃硬，到老不生病。

吃零食，伤胃肠；吃偏食，缺营养。

吃米带点糠，身体会安康。

吃肉不如吃豆腐。

吃药不忌口，枉费大夫手。

吃药不忌嘴，跑断大夫腿。

吃杂粮菜少生病。

臭鱼烂虾，得病冤家。

出汗不迎风，走路莫凹胸。

除了苍蝇灭了蚊，夏令毛病去七分。

疮大疮小，出头就好。

春不忙减衫，秋不忙加冠。

从小爱活动，老来药不用。

打拳练身，打坐养性。

大便常通，身体轻松。

大蒜是个宝，常吃身体好。

当你疲倦的时候，最好的休息是音乐。

定时餐，身体壮；定时眠，精神爽。

冬吃萝卜夏吃姜，不劳医生开药方。

冬练三九，夏练三伏。

冬天练长跑，体壮不感冒。

冻疮不能抓，胡子不能拔。

冻冻晒晒身体强，捂捂盖盖脸皮黄。

肚子害病是从嘴上得的。

锻炼贵有恒。

锻炼刻苦，生龙活虎。

锻炼是健康的基础，卫生是健康的保证。

锻炼是灵丹，卫生是妙药。

对症下药，药到病除。

多吃新鲜菜，百病都不害。

二八月，乱穿衣。

饭后百步走，活到九十九。

饭后三百步，不用进药铺。

饭后漱漱口，牙齿不会抖。

饭后躺一躺，不长半斤长四两。

饭后一口汤，胃里得安康。

饭前便后洗净手，疾菌虫卵难进口。

歌声是悲伤的良药。

隔夜茶不能喝。

瓜在好吃不在大小，人在健康不在胖瘦。

好动筋骨硬。

喝开水，吃热菜，肠胃健康少病害。

喝水莫着急，吃饭莫生气。

囫囵吞枣，消化不了。

话多失言，食多伤身。

活动好比灵芝草，何必苦把仙方找。

急病在治，慢病在养。

挤疮不留脓，免受二回痛。

坚持锻炼，青春常在。

健康的身体就是财富。

健康的身体是一生的幸福。

健康和愉快能养颜。

健康就是美。

健康乃事业之母。

健康是聪明的条件，又是愉快的标志。

精力是最大的财富，健康是最大

的幸福。

精神振奋，病去七分。

久立伤骨，久坐伤血，久行伤筋，久卧伤气，久视伤神。

举世尽从恼里老。

快快乐乐，使人多活。

狂饮伤身，暴食伤胃。

老怕伤风，少怕痢疾。

乐观使人长寿。

练出一身汗，小病不用看。

练拳不练功，到老一场空。

凉九暖三，注意衣衫。

凉水洗脸，筋骨强健。

没病没痛是神仙。

没有音乐，就没有生命，正如没

有太阳就没有生命一样。

每餐少三口，饭后百步走。

年轻跳跳蹦蹦，到老没病没痛。

年幼身体弱，老来不断药。

鸟美在飞行时，人美在运动时。

宁吃鲜桃一个，不吃烂杏一筐。

牛老怕惊蛰，人老怕大寒。

枇杷黄，医生忙；桔子黄，医生藏。

枇杷治热病，一治一个定。

偏方对症治大病。

千锤百炼，益寿延年。

千金难买好体格。

千金难买老来瘦。

强忍眼泪等于慢性自杀。

强身之道，锻炼为妙。

勤穿勤脱，不用药锅。

青菜营养好，比上灵芝草。

清晨空气爽，锻炼好时光。

清洁是健康之本。

清泻不用医，饿到日落西。

穷人无病抵半富。

热不马上脱衣，冷不马上穿棉。

热饭加热菜，肚子不受害。

日光不照临，医生便上门。

若要不生病，处处扫干净。

三分吃药，七分调养。

三伏暑天，食物要鲜。

三天不吃青，心里冒火星。

伤风时宜吃，发热时宜饿。

伤风是百病之母。

伤筋动骨一百天。

少吃多餐，病好自安。

少吃多滋味，多吃伤脾胃。

少时练得一身功，老来健壮少生病。

身体锻炼好，八十不服老。

身心两健一世安。

生气催人老，思多血气衰。

手巾不乱用，眼睛不生病。

树大伤根，气大伤身。

树老易生虫，人老易生病。

水烧三遍不能喝。

睡觉不蒙头，健康又长寿。

睡前把脚烫，一夜睡得香。

睡前开开窗，一夜都觉香。

睡前洗洗脚，好似催眠药。

睡时少饮水，睡前不饮茶。

说说笑笑，通通七窍。

太阳是个宝，晒晒身体好。

痰出人口，病随痰走。

袒胸露体宿室外，必然要把毛病害。

汤要泡饭，口嚼不烂；饭要泡汤，消化不良。

天天不发愁，活到百出头。

天天吃大枣，一辈子不见老。

天天吃水果，疾病远离我。

天天佛前瞎烧香，有病不治还是死。

头对风，易伤风；脚对风，请郎中。

头凉不生病。

唾液是一宝，不可轻吐掉。

外伤好治，内伤难医。

晚饭吃得多，半夜睡不着。

屋里屋外常打扫，开窗通气精神好。

洗头洗脚，强似吃药。

喜悦者常健康。

夏睡不露腹，冬睡不蒙头。

夏天不睡石，冬天不睡板。

小病小治，大病难医。

小孩不蹦，必定有病。

笑长命，哭生病。

笑口常开，青春常在。

笑一笑，少一少；恼一恼，老一老；愁一愁，白了头。

笑一笑，十年少；愁一愁，白了头。

心地善良是快乐之源，胸襟开阔是长寿之本。

心宽体胖，勤劳体壮。

心平气和，五体安宁。

心中安静，益寿延年。

新鲜空气是天赐的良药。

幸福来自精神的健康。

幸福首先在于健康。

学医不明，暗刀杀人。

牙不剔不稀，耳不挖不聋，鼻不掏不破，眼不揉不红。

牙疼不是病，疼起来要了命。

言多伤气，食多伤脾，忧多伤人，气多伤身。

眼睛害病从手起，肚子害病从嘴起。

眼为七窍宝中宝，保护视力最重要。

养身之道，颜开喜笑。

养生离不开节食、静养、愉快。

要想儿童身体好，各种蔬菜不可少。

要想感冒少，常洗冷水澡。

要想健康寿长，长住山村水乡。

要想身体好，常洗冷水澡。

要想身体好，锻炼最重要。

要想小儿安，须受几分饥与寒。

要想一生身体好，从小就把卫生搞。

一不赌力，二不赌食。

一层棉，十层单。

一生的幸福靠身体，身体的强壮靠锻炼。

一天舞一舞，长寿九十五。

一天笑一笑，赛过吃好药。

一碗甜酒脸红润，十碗甜酒病缠身。

一夜不睡，十天没神。

衣洁身上净，不得皮肤病。

衣少加根带，饭少加把菜。

医早不医迟，预防重于治。

饮茶有百益，消食又解腻。

饮食有节是练肠胃，睡起有常是练心肾。

忧郁是疾病之源，开心是医疗忧郁的良药。

有钱难买一身安。

有说有笑，有益健康。

鱼生火来肉生痰，青菜豆腐报平安。

愉快是构成健康的主要成分。

预防肠道病，吃喝要干净。

预防疾病无诀窍，增强体质最重要。

月靠太阳亮，人靠身体强。

运动使人矫健，不动使人呆板。

运动运动，不得百病。

早起动动腰，一天少疲劳。

早上吃姜暖肚肠，晚上吃姜如刀枪。

早上的盐汤是参汤，晚上的盐汤如砒霜。

早上做做操，一天精神好。

早睡精神好，早起精神好。

早睡早起，没病惹你。

早早睡，早早起，眼睛鼻子都欢喜。

站如松，坐如钟，卧如弓，行如风。

只要多劳动，不会染百病。

只有病人才知道什么是健康。

指甲剪短，疾病不染。

自幼勤锻炼，年老身体健。

走好的疖子，睡好的眼睛。

走路防跌，吃饭防噎。

坐立要端正，走路要挺胸。

坐卧不迎风，走路要挺胸。

农业与气象谚语

八月中秋夜，一夜冷一夜。

百日阴雨总有一朝晴。

被服潮，阴天到。

草多长不了庄稼。

吃了冬至饭，一天长一线。

吃了端午粽，还要冻三冻。

春分麦起身，一刻值千金。

春寒则夏涝。

春送千担粪，秋收万斤粮。

春天不忙，秋后无粮。

春捂秋冻，一年无病。

春雨贵如油。

春栽杨柳夏栽桑，正月种松好时光。

春种争时刻，夏种争分秒。

打春别欢喜，还有四十天冷空气。

打雷的雨下不长。

东虹轰隆西虹雨。

东虹晴，西虹雨。

冬季干冷春季寒。

冬冷皮上过，春寒冷入骨。

冬天麦盖一层被，来年枕着馍头睡。

冬雾多春雪。

冬雪对麦似棉被，春雪对麦像刀利。

冬雪是宝，春雪糟糕。

冬雪药百虫。

冬至不过不寒，夏至不过不暖。

刮风走小巷，下雨走大街。

光栽不护，白费工夫。

过了惊蛰节，耕田忙不歇。

黑云接夜，等不到半夜。

黄豆打七遍，还够买针线。

黄梅天，十八变。

今冬先雪没有霜，明年麦头两人扛。

今年大雪飘，明年收成好。

今晚鸡鸭早归笼，明日太阳红彤彤。

惊蛰未到先打雷，四十八天雨开门。

久晴发风雨，久雨发风晴。

腊月三场雾，河里踏成路。

雷公先唱歌，有雨也不多。

雷击天顶，有雨不猛；雷击天边，大雨连连。

冷热交错，地震发作。

冷在三九，热在中伏。

立春北风起，早春必有雨。

立春不逢九，五谷般般有。

立春天转暖，必有倒春寒。

立冬东风起，前半冬有雨。

立了秋，把扇丢。

立秋核桃白露梨，寒露柿子红了皮。

立秋雷响，百日无霜。

立夏立夏，站着说话。

六月初一难得晴，七月初一难得雨。

绿了荒山头，干沟清水流。

芒种火烧天，夏至雨绵绵。

芒种无雨空种田。

蜜蜂出窝天放晴，鸡不入笼阴雨来。

你先养田，田才养你。

七九八九，沿河插柳。

牵牛要牵鼻，买马要看脚。

牵牛要牵牛鼻子。

青蛙叫在惊蛰前，高岸变成烂糊田。

清明前后，种瓜种豆。

秋后北风紧，夜静有白霜。

人勤地生宝，人懒地生草。

日落西山一点红，半夜起来搭雨篷。

瑞雪兆丰年。

三分造林，七分管理。

三耕四耙五锄田，一季庄稼吃两年。

三九天，冻破砖。

三日雾蒙蒙，必定起狂风。

沙地栽树好防风。

上流乱开荒，下流要遭殃。

树大林稠，洪水低头。

霜后暖，雪后寒。

霜重见晴天，瑞雪兆丰年。

霜重见晴天。

桃三杏四梨五年，枣树栽上当年钱。

天上出现鱼鳞云，三五日内雨淋淋。

田螺浮水面，风雨不会远。

无灾人养树，有灾树养人。

盐缸返潮，大雨将到。

燕子高飞晴天告，燕子低飞雨天报。

夜里起风夜里住，五更起风刮倒树。

一场春雨一场暖。

一场秋雨一场寒，十场秋雨就穿棉。

一春缺雨秋雨淋。

一块乌云在天顶，再大风雨也不惊。

一日春雷十日雨。

有林不怕连年旱。

有钱难买五月旱，六月连阴吃饱饭。

雨打早五更，雨伞不用撑。

雨水种瓜，惊蛰种豆。

雨中知了叫，预报晴天到。

月亮旁边黄半圈，起风就在眼跟前。

月落云里走，雨在半夜后。

栽桑植桐，子孙不穷。

早看东南，晚看西北。

早上立了秋，晚上凉飕飕。

早西风，夜东风，日日好天空。

早霞不出门，晚霞行千里。

蜘蛛结网，久雨必晴。

植树把林造，防风又防涝。

猪衔草垫窝，将有寒潮过。

庄稼一枝花，全凭肥当家。